Soup

FRANK BUCHHOLZ

Cult

Lieblingssuppen: Die neue Lust am Löffeln

Liebe Suppenfreunde

Was ist ein richtig gutes Essen? Ein Acht-Gänge-Menue, das ein halbes Monatsgehalt kostet, in einem sündhaft teuren Gourmetrestaurant? Oder eine Curry-Wurst mit Brötchen im Stehen gegessen? Ich glaube, es ist nicht wichtig, was ein Essen kostet oder wo man es genießt. Wichtig ist, dass man mit einem Essen etwas verbindet. Ein Gefühl. So ähnlich wie bei einem Musikstück, durch das man immer wieder an eine liebe Person oder eine schöne Situation erinnert wird.

Für mich war Suppe immer so ein Essen. Sie erinnert mich an früher. An meine Kindheit, an meine Oma. Es hört sich vielleicht übertrieben an, aber eine Suppe gibt mir immer ein kleines bisschen Geborgenheit und lässt mich an zu Hause denken. Und ich weiß, dass es meiner Familie und vielen meiner Freunde genauso geht. Es gibt da kaum jemanden, der sich nicht erinnert, wie gut die Hühnersuppe von Mama bei einer Erkältung tat oder wie schön es war, sich nach einem langen Tag in der Schule den Magen mit einem Eintopf vollzuschlagen.

Ich wollte deshalb dieses Kochbuch schon lange schreiben, doch leider war das Thema Suppe in den letzten Jahren etwas unbeliebt. Vielleicht, weil man Tomate-Mozzarella, Rucola-Salat und Vitello Tonato einfach spannender fand. Vielleicht auch, weil die meisten Suppen sich nicht einfach hopplahopp-mal-eben-schnell kochen lassen. Man muss frische Zutaten kaufen, unter Umständen eine ganze Menge Gemüse schnippeln und Geduld haben, bis eine Suppe fertig gekocht ist und ihren richtigen Geschmack hat.

Doch glücklicherweise erlebt die Suppe jetzt endlich ihr Comeback: Suppen-Bars in ganz Deutschland können sich vor Kundschaft kaum retten und auch zu Hause und in Restaurants stehen Suppen wieder ganz oben auf der Beliebtheits-Liste.

In diesem Kochbuch habe ich 43 Suppenrezepte für Sie zusammengestellt, die Ihnen hoffentlich genauso gut gefallen wie mir. Es sind klassische Suppen und ungewöhnliche Kreationen, Sommer- und Wintersuppen, deutsche und internationale Suppen, Suppen für Kochanfänger und Fortgeschrittene – kurz: es ist sicher für jeden etwas dabei.

Mein größter Wunsch wäre, wenn ich Sie mit meiner Begeisterung für »die älteste Speise der Menschheit« anstecken könnte. Ich wünsche Ihnen viel Spaß beim Nachkochen und anschließenden Aufessen. Und natürlich einen guten Appetit!

Ihr

Inhalt

4

Suppen Snacks 16
Kleine, feine Appetizer – für die Lust auf mehr.
Oder für den schnellen Hunger zwischendurch.

Suppen Kult 32
Schicker geht's nicht. Mit Multikulti im
Kochtopf und Mega-Aroma im Löffel.

Die neue Lust am Löffeln

Es war an einem regnerischen Herbsttag 1995, als sich im New Yorker Stadtteil Manhattan mitten auf der Broad Street eine sehr merkwürdige Szene abspielte. Vor einem kleinen Laden standen Männer in dunklen Anzügen und roten Hosenträgern in einer langen Schlange. Sie warteten. Sehr geduldig und überhaupt nicht gestresst. Geradezu brav standen sie da.

Diese Männer waren Broker von der Wall Street. Und sie warteten nicht etwa auf eine neue Aktie oder teure Konzertkarten – sie warteten auf Suppe.

Gerade hatte im Financial District New Yorks erste Suppenbar »Al's Soup Kitchen« eröffnet. Da standen also diese Business-Männer in ihren teuren Klamotten wie bei der Armenspeisung in der Schlange. Doch statt sich eine Kelle Graupensuppe

vom Roten Kreuz abzuholen, kauften sie sich für acht Dollar Bouillon mit Krebsschwänzen oder toskanische Shrimps-Suppe. Und diese sonst so selbstsicheren und lauten Geschäfte-Macher ließen sich von dem Mann hinter der kleinen Theke anbrüllen, sich gefälligst schnell zu entscheiden, sonst müssten sie sich direkt wieder hinten anstellen. Die New Yorker hatten ihre Liebe zu einem fast vergessenen Gericht wieder entdeckt: der Suppe.

Heute gibt es in New York neun »Dailysoup«-Filialen, dazu die Konkurrenz »Zoosoups«. Und auch vor England und Deutschland hat die Welle der kleinen Suppen-Läden nicht Halt gemacht. In den Londoner Stadtteilen Soho und Covent Garden wird alles von afrikanischer Spinatsuppe bis hin zum Nussbrei mit gebratenem Kürbis serviert.

Suppenbar
wunderbar

IN Deutschland, egal wo man hin-schaut – ob München, Köln, Hamburg, Münster oder Berlin –, überall eröffnen kleine Steh-Restaurants, die auf Suppe und Eintöpfe spezialisiert sind. Die Gäste quetschen sich in Ladenlokale, die so groß sind wie vier Telefonzellen. Sie können sich kaum umdrehen beim Essen und trotzdem haben sie so ein gewisses Leuchten in den Augen.

DENN sie alle, ob Büroangestellte, Studenten, Hausfrauen und Rentner wollen nur eins: ihren leeren Magen mit warmer Suppe füllen. Die Aussicht auf thailändische Zitronengras-Suppe, russischen Borschtsch oder einen ganz einfachen deutschen Linseneintopf zaubert ein Lächeln auf ihr Gesicht.

Comeback
eines Klassikers

WOHER kommt diese neu entdeckte Liebe zu einem Essen, das lange in Ver-gessenheit geraten war? Das höchs-tens noch als Appetitanreger vorm Festessen gereicht wurde? Das kaum jemand überhaupt noch kochen kann, der nicht gerade jenseits der 60 ist?

ES liegt auf der Hand: Die Suppe ist nicht einfach irgendein Essen, das man schnell runterschluckt, ohne drüber nachzudenken. Ganz im Gegenteil. Suppe hat etwas mit Gefühlen zu tun – mit Geborgenheit, mit Liebe und mit Erinnerungen, selbst wenn es manch-mal schlechte sind.

VIELE Esser verbinden Suppe wohl am ehesten mit ihrer Kindheit. Fast jeder hat so eine Oma, die noch richtige Rindfleischsuppe kochen konnte. So eine mit großen Fettaugen, die oben schwimmen, kleinen Buchstabennu-deln und ganz viel weich gekochtem Gemüse. Und da saß man dann bei der Oma am Esstisch, hat die Suppe gegessen und hinterher einen selbst gekochten Schokoladen-Pudding. An solchen Tagen konnte einem nichts mehr pas-sieren. Deshalb lösen Geruch und Geschmack von Suppe bei vielen Menschen Erinnerungen an gute Erfahrungen aus.

DEM amerikanischen Politiker Bob Dole scheint es nicht viel anders gegangen zu sein. 1996 verlor er die Präsidentschaftswahl gegen Bill Clinton. Danach hätte Bob Dole sich betrinken können, er hätte sich die Bettdecke über den Kopf ziehen und heulen können – doch was tat der Wahlverlierer stattdessen? Er ging nach Hause und aß eine Hühnersuppe nach deutschem Rezept. Denn die soll ja angeblich gegen alles helfen. Sagen Mütter jedenfalls: gegen Erkältung, Bauchschmerzen und Liebeskummer. So wie es früher war, als man noch ein Kind war.

NATÜRLICH gibt es auch Leute, die Suppe nicht lieben. Sondern ganz im Gegenteil eine Menge unangenehme Erinnerungen mit Suppe verbinden: Sie

war auch mal Kriegs- und Notzeitessen. Denn kochen lässt sich Suppe aus allen Zutaten und war deshalb auch während des Krieges eine beliebte Mahlzeit. Auch wenn sie wahrscheinlich nicht besonders sättigend war, ohne Fleisch, verschiedene Gemüse und Gewürze. Doch eine Graupensuppe, die beim Vater Ekel auslöst, weil sie Hauptbestandteil jedes Essens der Nachkriegszeit war, empfindet der Sohn heute vielleicht als Delikatesse. Und weil wohl doch die meisten ganz positive Gefühle mit einer Suppe verbinden, ist sie gerade dabei, das neue Lieblingsessen junger Leute zu werden. Ein schlauer Mensch hat sogar mal behauptet, bei Singles fände durch das Suppe-Essen eine Art »Selbstbemutterung« statt.

Soup-Art
Suppe auf 1001 Art

8

FÜR das Revival der Suppe gibt es natürlich noch viele andere Gründe: Die Suppe ist mittlerweile ein unglaublich variantenreiches Essen geworden. Das internationale Küchen-Lexikon verzeichnet 1430 verschiedene Suppen, allein in China gibt es über 1000 unterschiedliche Rezepte. Kürbisse treffen mit Orangen, Kartoffeln mit Backpflaumen oder Riesling mit Zanderfilet aufeinander, Suppen sind mal sahnig und mal ganz leicht. Sie können kalt und süß für den Sommer oder scharf und reichhaltig für den Winter sein und manchmal werden sie sogar nach

berühmten Persönlichkeiten benannt, wie die chilenische Krebssuppe Isabell Allende aus dem Berliner Lokal »Soup Kultur«.

DOCH egal, wie man seine Suppe am liebsten hat – ganz ausgefallen mit Pfirsichen und Holunderblüten oder ganz klassisch mit Erbsen und Wurst – ihr großer Vorteil liegt auf der Hand: Suppe ist eine wundervolle Zwischenmahlzeit. Sie macht satt, ist gesund und liegt nicht schwer im Magen. Wer sie mittags isst und danach dringend wieder ins Büro muss, wird auf

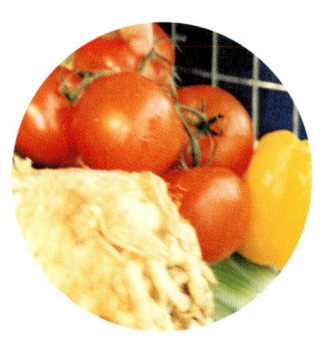

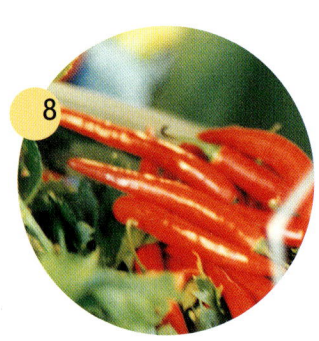

8

gar keinen Fall in diese »Und-jetzt-könnte-ich-auch-eine-Stunde-schlafen-Stimmung« kommen. Suppe kann aber auch ein hervorragender Hauptgang sein. Ernährungswissenschaftler bestätigen, dass eine Suppe mit Gemüse oder Fleisch und Nudeln oder Kartoffeln eine komplette Mahlzeit ersetzen kann. Und die Vitamine, die beim Kochen oft verloren gehen, weil man sie mit dem Kochwasser einfach wegschüttet, schwimmen bei einer Suppe weiter in der Brühe herum und werden mitgegessen. Für Sportler ist die Suppe ideal, weil sie beim Essen viel verloren gegangene Flüssigkeit zu sich nehmen. Wenn man krank ist, ist eine Suppe sowieso die ideale Stärkung. Meist hat man nicht so viel Hunger, eine Suppe ist dann leicht verträglich, macht schön warm von innen und ist gesund. In Japan beginnt jeder Tag mit einer Miso-Suppe. Weil die japanische Mythologie Miso (Paste aus Sojabohnen, Wasser und Meersalz) als »Geschenk der Götter« betrachtet, welches Gesundheit, Langlebigkeit und Glück verspricht.

Treffpunkt
Suppenküche

AUCH auf einer guten Party sollte eine Suppe auf gar keinen Fall fehlen. Wenn die Partygäste gegen Mitternacht im Tanzrausch sind und auch nicht mehr so ganz nüchtern, kann ihnen eine scharfe Gulaschsuppe helfen, bis in die Morgenstunden durchzuhalten. Denn sie gibt dem Körper die Mineralstoffe zurück, die er durchs Schwitzen und durch den Alkohol verloren hat.

UND auch die Leute, die beim Essen in erster Linie und immer an ihre Figur denken, finden an der Suppe großen Gefallen. Denn wer eine Suppe löffelt, wählt immer ein sehr figurfreundliches Esstempo. Beim langsamen Essen stellt sich ein Sättigungsgefühl viel besser ein. Mal ganz davon abgesehen, dass der Fettgehalt von Suppen bezogen auf eine Mahlzeit so gering ist, dass kaum ein anderes Gericht mithalten kann.

UND dann kommt da auch wieder der menschliche Aspekt dazu. Suppe-Essen hat etwas sehr Kommunikatives. Wenn Menschen in einer Suppen-Bar zusammenkommen, passiert es ganz oft, dass sie anfangen sich gegenseitig Geschichten über Suppe zu erzählen. Man isst gemeinsam – man erinnert sich gemeinsam. Suppe führt dazu, dass die Menschen mal wieder innehalten. In der Mittagspause über die Straße hasten und dabei noch etwas verschlingen – das ist bei einer Suppe nahezu unmöglich. Die Esser sind gezwungen, stehen zu bleiben und zur Ruhe zu kommen. Zack-zack, mal eben schnell geht nicht, denn dazu ist die Suppe viel zu heiß.

DIE NEUE LUST AM LÖFFELN

Trend
mit Tradition

Es ist ganz bestimmt nicht übertrieben, die Suppe als das älteste Gericht der Welt zu bezeichnen. Seit es Menschen gibt, kochen sie Suppe. Schon vor etwa 6000 Jahren haben sie aus Nilpferdknochen und Wasser eine »Nilpferd-Bouillon« gemacht, oder sie kochten aus Getreide Haferschleim, sozusagen den Vorläufer der Suppe. Damals gab es noch gar keine Kochtöpfe, es wurde einfach ein Stein im Feuer so lange heiß gemacht, bis ihn die Menschen rot glühend in wasserfeste Säcke werfen konnten, um damit ihre Suppe zu erhitzen. Auch das Wort Suppe selbst ist uralt. »Supen« bezeichnete das Saufen, Saugen oder Schlürfen und kommt in allen europäischen Sprachen vor.

Später dann, als die Töpferkunst entstand, wurden die Suppen aus Weizen, Gerste, Schaf- und Ziegenfleisch gekocht. So richtig lecker kann das allerdings nicht gewesen sein. Für eine BBC-Dokumentation wurde so eine Suppe nach altem Rezept zubereitet und zwei BBC-Männer durften probieren: Die englischen Testesser waren »not amused«.

Doch glücklicherweise ging die Suppen-Geschichte ja weiter: Im Mittelalter entwickelte sich der »Pot au feu«: In einem 100-Litertopf, der ständig auf dem Feuer stand, wurde einfach alles in Wasser gekocht, was die Ernte gerade so hergab. Bei den Bauern war das natürlich meist Gemüse, denn Fleisch gab es nur ausgesprochen selten, doch aus den einfachen Zutaten entstand immer wieder etwas ganz Neues.

Adel
verpflichtet

IRGENDWANN entdeckte natürlich auch der Adel die Suppe. Und sie wurde opulenter: Rindfleisch, Geflügel, Wild, dazu importierte Gemüse und Gewürze machten aus der Suppe eine echte Delikatesse. Anfangs wurden Brühe und Zutaten getrennt serviert, später wurden die Suppen in prachtvollen Silber- und Goldschüsseln gereicht.

DEN barocken Festfreuden folgten die strengen Prinzipien der Aufklärung – auch bei Suppe. Sie wurde sozusagen zur Vernunft gebracht, denn die Suppe ist ein Wunder an Ökonomie, was also könnte vernünftiger sein als Suppe? Der bayerische Graf Rumford, geboren in Massachusetts, erfand Ende des 18. Jahrhunderts zuerst den geschlossenen Herd und dann die Armenspeisung – mit Suppe. Nach einigen kalorischen, ergonomischen und physiologischen Berechnungen befand er eine sehr minimalische Graupensuppe für ideal, um die Massen damit zu speisen. Ab da wurde diese Suppe als Rumfordsuppe in allen Armenhäusern, Suppenanstalten und Feldküchen Europas ausgeschenkt.

ANFANG des 20. Jahrhunderts dann verschwand die Suppe langsam aus den Töpfen. In erster Linie lag das daran, dass im Zuge der Industrialisierung die Frauen einfach immer weniger Zeit zum Kochen hatten. So entwickelten sich auch die Instant- und später Tütensuppen. Nach dem Krieg dann in den 50er-Jahren verging den Menschen in Zeiten des Wirtschaftswunders erst recht die Lust auf das »Essen für Arme«.

Vichyssoise
und Graue Grete

DOCH jetzt endlich das Revival dieses wunderbaren Essens. Überall auf der Welt wird wieder Suppe gekocht: Die berühmte, kalt servierte Vichyssoise in Frankreich, den Borschtsch aus 18 Zutaten in Sibirien. In Polen kocht man gerne Biersuppe mit saurer Sahne, Eiern, Butter, Mehl und Käsewürfeln, und in der Mongolei schwört man auf durchgestrichene gelbe Erbsen mit Tomatenmus und Wurzelstreifen. In Deutschland gibt es so viele Suppenrezepte, dass die Deutschen jeden Tag eine andere Suppe auf den Tisch bringen könnten: Ochsenschwanzsuppe aus Hamburg, Milzsuppe aus Bayern, Berliner Kartoffelsuppe oder eine Graue Grete mit Backpflaumen und viel Milch aus Westfalen.

EINE ganz persönliche Auswahl aus nationalen und internationalen Rezepten finden Sie in diesem Kochbuch ...

Die 12 besten

Heiße

Tasse: Um heiße Suppe vor dem Kälteschock zu bewahren, Tassen, Teller und Terrinen vorwärmen. Die schonendste Methode für zartes Porzellan: Geschirr mit heißem Wasser spülen, dann abtrocknen. Oder Suppentassen kurz in den 50° heißen Backofen stellen. Für **kalte Sommersüppchen** Teller im Kühlschrank vorkühlen. Oder kurz im Eisfach frosten.

Alles

klar? Zum Klären gehacktes Rindfleisch, für Fischbrühen gehacktes Seefischfleisch mit Eiweiß und Eis (!) anrühren und mit heißer Suppe vermischen. Bis zum Aufkochen **nicht rühren,** sondern mit einem Spatel nur vorsichtig am Topfboden kreisen. Nur leicht köcheln lassen, so kann das Eiweiß die Trübstoffe binden und langsam aufsteigen.

Passieren

macht Suppen noch feiner. Dazu Suppe durch ein Spitzsieb oder feines Haarsieb streichen. Das funktioniert **besonders gut,** wenn Sie die Suppe vorher fein **pürieren.** Für eine klare Brühe oder Consommé zwei Siebe mit einem Mulltuch dazwischen nehmen. So werden alle Trübstoffe rausgefiltert.

Klare

Brühe von Anfang an erhalten Sie, wenn Sie Knochen und Fleisch kurz **blanchieren.** Also beides mit kochendem Wasser überbrühen, nochmal aufkochen und abseihen. Setzen Sie dann Knochen und Fleisch nochmal mit kaltem Wasser, Gewürzen und den übrigen Zutaten an. Lassen Sie alles **nur leicht köcheln.**

Fonds

auf Vorrat kochen! Das spart **Zeit** und auch **Geld.** Denn Fertig-Fonds aus dem Glas, die Sie im Supermarkt bekommen, haben ihren Preis. **Zum Aufbewahren** Fonds entweder **portionsweise** einfrieren oder wie Marmelade kochendheiß in dicht schließende Gläser füllen. Nach dem Öffnen im Kühlschrank aufbewahren.

Die

richtige Bindung bekommt eine Suppe, wenn Sie sie mit Sahne und Eigelb legieren. Vorsicht: Wenn Sie **Eigelb und Sahne** eingerührt haben, darf die Suppe nicht mehr kochen. Sonst gerinnt sie. Suppe ebenfalls nur knapp unter den Siedepunkt erhitzen, wenn Sie Milchprodukte wie Joghurt oder saure Sahne einrühren wollen.

Suppentricks

Think big!
Ein kräftiger Eintopf schmeckt am nächsten Tag nochmal so gut. Also ruhig eine große Portion kochen. Falls doch was übrigbleibt – einfach einfrieren und später genießen. Und nicht vergessen: Würzen Sie Eintopf behutsam. Denn bei jedem Aufwärmen intensiviert sich der Geschmack.

Suppen-Terrine:
Aus gut gewürztem Gemüsefond können Sie auch mal eine Gemüseterrine herstellen. Geben Sie pro Liter Flüssigkeit 10 bis 14 Blatt Gelatine hinzu, außerdem geputztes und blanchiertes Gemüse. Mit Salat serviert erhalten Sie eine schöne Vorspeise.

Zeit wirkt Wunder.
Längeres Köcheln (ohne Deckel!) macht aus Fond kräftige Brühe oder – wenn man Fond lange genug reduziert, d.h. einköcheln lässt – Consommé. Fleisch darf dabei allerdings nicht völlig auslaugen. Wichtig: Fonds und Brühen immer kalt ansetzen! Und in jedem Fall ohne Salz.

Frische Kräuter
erst zuletzt in die Suppe geben und höchstens 10 Minuten darin ziehen lassen, sonst laugen sie aus. Kräuter nur leicht abbrausen, in der Salatschleuder trocknen. Dann Blättchen abzupfen und mit einem scharfen Messer schneiden. Hacken Sie sie nicht zu stark, weil sonst mit den ätherischen Ölen auch Geschmacksstoffe verloren gehen.

Suppe versalzen?
Dann am besten »verlängern«. Wasser hilft. Aber auch ein Schuss Sahne kann manchmal zu intensiven Geschmack mildern. Damit's erst gar nicht passiert: Suppe während des Kochens nur behutsam würzen, erst ganz zum Schluß kräftig abschmecken.

Profi-Montage:
Wer nicht auf Kalorien achten muss, schlägt Cremesuppen mit Butter auf. Das Montieren verfeinert den Geschmack und macht Suppen besonders gehaltvoll. Am besten Butterflöckchen oder zerlassene Butter nach und nach mit dem Schneebesen einrühren.

Grundrezepte
Fonds

Gemüsefond

300 g MÖHREN putzen und in Scheiben schneiden. Das Weiße von 2 Lauchstangen und 100 g Selleriestangen waschen, in dünne Scheiben schneiden. 50 g Fenchelknolle putzen, in hauchdünne Scheiben schneiden. 150 g Schalotten und 100 g Zwiebeln schälen, in dünne Ringe schneiden. Alles in einen großen Topf geben, 2 l Wasser angießen. 2 ungeschälte Knoblauchzehen und 1 Bouquet garni (Kräutersträußchen aus Lorbeer, Petersilie und Thymian) mit hineingeben und bei starker Hitze zugedeckt zum Kochen bringen. Dann die Hitze reduzieren, 45 Minuten sanft köcheln lassen. Ab und zu den Schaum abschöpfen. 10 Pfefferkörner zerdrücken und in ein kleines Mullsäckchen oder einen Teefilter aus Papier einbinden, 10 Minuten vor Ende der Garzeit in den Topf geben. Den fertigen Fond durch ein feinmaschiges Sieb in eine Schüssel gießen und rasch erkalten lassen.

Geflügelfond

EIN SUPPENHUHN (1,5 kg) oder die entsprechende Menge Hühnerklein (Hals, Magen, Flügel, Karkassen) 2 Minuten in kochendem Wasser blanchieren, in ein Sieb geben und kalt abschrecken. Danach mit 2,5 l kaltem Wasser in den Topf geben, bei starker Hitze zugedeckt zum Kochen bringen. Inzwischen 200 g Möhren putzen, in Stücke schneiden. Das Weiße von 2 Lauchstangen waschen, klein schneiden. 1 Selleriestange waschen, grob hacken. 1 Zwiebel mit 2 Nelken spicken. 150 g Champignons putzen, in feine Scheiben schneiden. Sobald das Wasser im Topf kocht, die Hitze sofort herunterschalten, sodass die Flüssigkeit leise köchelt. Nach 5 Minuten den Schaum abschöpfen, die vorbereiteten Zutaten zusammen mit 1 Bouquet garni (Kräutersträußchen aus Lorbeer, Petersilie und Thymian) zugeben. Im offenen Topf etwa 1 1/2 Stunden leise köcheln lassen, zwischendurch Schaum abschöpfen. Fond durch ein feines Sieb gießen und über einer Schüssel mit Eis so schnell wie möglich erkalten lassen.

Fischfond

1,5 KG FISCHGRÄTEN, -köpfe und -flossen von mageren weißfleischigen Fischen (z. B. Seezunge, Steinbutt, Merlan) unter fließendem kaltem Wasser abspülen und gut abtropfen lassen. Das Weiße von 2 Lauchstangen waschen, in dünne Ringe schneiden. 75 g kleine Champignons putzen, in dünne Scheiben schneiden. 50 g Butter in einem großen Topf zerlassen, Gemüse einige Minuten andünsten. Fischabschnitte dazugeben, kurz mitgaren, dann mit 200 ml trockenem Weißwein aufgießen. Bei mittlerer Hitze die Flüssigkeit um zwei Drittel einkochen lassen, dann mit 2,5 l kaltem Wasser aufgießen. Zum Kochen bringen, dann die Hitze herunterschalten, den Schaum abschöpfen. 1 Bouquet garnie (Kräutersträußchen aus Lorbeer, Petersilie und Thymian) und 2 Zitronenscheiben dazugeben. Bei milder Hitze 25 Minuten köcheln lassen, ab und zu den Schaum abschöpfen. 8 weiße Pfefferkörner zerdrücken, in ein Mullsäckchen oder einen Teefilter aus Papier einbinden. 10 Minuten vor Garzeitende in den Topf geben. Den Fond durch ein feines Sieb abgießen und so schnell wie möglich erkalten lassen.

15

Lammfond

DEN BACKOFEN auf 220 Grad vorheizen. 1,5 kg Lammstücke (Hals, Brust, Hinterhaxe) in einen Bräter legen und im heißen Backofen anrösten, die Fleischstücke zwischendurch wenden. 150 g Möhren putzen und in Scheiben schneiden, 100 g Zwiebeln schälen und grob hacken, 4 Tomaten kurz überbrühen, enthäuten, entkernen und grob hacken. Sobald das Lammfleisch gut gebräunt ist, Möhren und Zwiebeln unter Rühren 5 Minuten mitbraten. Anschließend den Inhalt des Bräters mit einem Schaumlöffel in einen großen Topf geben. Das im Bräter zurückgebliebene Fett wegschütten, Bratensatz mit 250 ml trockenem Weißwein ablöschen und auf die Hälfte einkochen lassen. Eingekochte Flüssigkeit in den Topf gießen. Mit 2,5 l kaltem Wasser bei starker Hitze aufkochen lassen. Die Temperatur herunterschalten und 10 Minuten sanft köcheln lassen. Den Schaum abschöpfen, dann gehackte Tomaten, 2 Knoblauchzehen, 1 Kräutersträußchen mit 2 Zweigen Estragon und 1 Stück Selleriestange sowie 6 weiße zerdrückte Pfefferkörner dazugeben. Bei milder Hitze offen 1 1/2 Stunden köcheln lassen, Schaum nach Bedarf abschöpfen. Den fertigen Fond durch ein feines Sieb in eine Schüssel gießen und über Eis rasch erkalten lassen.

GRUNDREZEPTE

Suppen Snacks

Kleine, feine Appetizer – für die Lust auf mehr. Oder für den schnellen Hunger zwischendurch.

Kräutercremesuppe
mit Knoblauchcroûtons

Der Profi-Tipp

Auf einer Party Knoblauchbaguette zur Suppe reichen. Das bekommen Sie tiefgekühlt im Supermarkt. Oder machen Sie ganz einfach selbst: weiche Butter mit gehacktem Knoblauch, Salz und gehackter Petersilie vermengen. Baguettescheiben im Ofen 4 Minuten bei 200 Grad knusprig rösten, Butter darauf streichen.

LIMETTE heiß abwaschen. Grüne Schale hauchdünn abschneiden, dann in sehr feine Streifen schneiden. Limette halbieren, Saft auspressen.

MÖHREN putzen und unter fließendem kaltem Wasser gründlich abbürsten. Kohlrabi schälen und mit den Möhren klein schneiden. Das Gemüse 2-4 Minuten unter Rühren in 1/2 EL Butter andünsten, mit Limettensaft, Geflügelfond und der Hälfte der Sahne ablöschen. Aufkochen, mit Salz und Pfeffer würzen. Zugedeckt bei mittlerer Hitze in 10-12 Minuten weich garen.

INZWISCHEN Brot würfeln (Kantenlänge 1 cm). Knoblauch schälen und fein hacken. 2 EL Butter in einer Pfanne erhitzen. Knoblauch darin kurz andünsten. Brotwürfel hinzufügen, unter Wenden goldbraun braten und mit Salz würzen. Auf Küchenkrepp abfetten.

KRÄUTER abbrausen. Blättchen abzupfen, grob hacken. Das weich gegarte Gemüse fein pürieren und nach Belieben durch ein Sieb streichen. Übrige Sahne steif schlagen und mit den Kräutern unter die Suppe ziehen. Die Suppe mit Croûtons und Limettenstreifen, eventuell auch noch mit einigen Kräuterblättchen garniert servieren.

Für vier Personen
Zubereitungszeit: 35 Minuten
Pro Portion ca. 370 Kalorien

➤ *Für die Suppenparty*

Die Zutaten

> 1 unbehandelte Limette
> 1 Bund junge Möhren
> 1 junger Kohlrabi
> 2 1/2 EL Butter
> 600 ml Geflügelfond (aus dem Glas oder selbst gemacht, Seite 14)
> 200 g Sahne
> Salz
> weißer Pfeffer aus der Mühle
> 2-3 Scheiben Weißbrot ohne Rinde
> 1 Knoblauchzehe
> 2 Bund gemischte Frühlingskräuter (z. B. Kerbel, Dill, Petersilie)

Indische
Currysuppe

> » Sehr gerne mag ich das Zusammen-spiel zwischen Süße und Schärfe. Richtig heiß serviert ist diese Suppe eine Befreiung für Atemwege, Körper und Geist. «

Für vier Personen
Zubereitungszeit: 45 Minuten
Pro Portion ca. 200 Kalorien

➤ *Erfrischend exotisch*

Die Zutaten

> *300 g frische Ananas*
> *1 mittelgroßer Apfel (z. B. Granny Smith)*
> *1 Banane*
> *2 Zwiebeln*
> *1 EL Sonnenblumenöl*
> *je 2 TL Tandoori und Curry*
> *3 EL Kokosmilch*
> *1/2 l Geflügelbrühe*
> *1/4 l Milch (1,5 % Fett)*
> *120 g Hähnchenbrustfilet*
> *Salz*
> *4 EL gehackte Mandeln*

ANANAS, Apfel und Banane schälen und in feine Scheiben oder kleine Stücke schneiden. Ein Drittel der Ananasstückchen beiseite stellen.

ZWIEBELN schälen und fein würfeln. Öl erhitzen, Zwiebeln darin glasig dünsten. Etwas Tandoori und Curry darüber stäuben. Die Fruchtwürfel zu den Zwiebeln geben, kurz mitdünsten und ebenfalls mit Tandoori und Curry würzen. Mit Kokosmilch, Brühe und fettarmer Milch ablöschen. Alles aufkochen lassen. Dann mit dem Pürierstab fein zerkleinern.

HÄHNCHENBRUST in feine Scheiben schneiden, mit der restlichen Ananas in die heiße Suppe geben und ca. 3 Minuten sanft köcheln lassen. Suppe mit Salz abschmecken. Mandeln in einer Pfanne ohne Fett rösten, bis sie zu duften beginnen. Suppe mit Mandeln dekoriert servieren.

DAZU passt indisches Chapatti aus dem Asienladen.

Spargel-süppchen

SPARGEL gut schälen. Schalen waschen. In einem Topf 1 EL Butter zerlassen, Spargelschalen darin leicht anschwitzen, mit knapp 1 l kaltem Wasser auffüllen. Zitronenhälfte heiß abwaschen, über dem Topf auspressen und auch die Schale hineingeben. Alles mit 1 Prise Salz mindestens 15 Minuten leicht köcheln lassen, dann Spargelfond durch ein Sieb passieren.

DIE SPARGELSPITZEN in ca. 4 cm Länge abschneiden und längs vierteln. Spargelfond erneut aufkochen, die Spitzen darin 8-10 Minuten kochen, herausnehmen und eiskalt abschrecken. Die restlichen Spargelstangen klein schneiden, in den Fond geben und in 15-20 Minuten weich kochen. Sahne hinzugießen, alles zusammen aufkochen, dann mit dem Pürierstab pürieren und passieren.

DIE SUPPE noch einmal aufkochen. Petersilie kurz abbrausen, Blättchen abzupfen und fein hacken. Restliche Butter in die Suppe rühren, die Suppe mit Salz und Pfeffer abschmecken. Die Spargelspitzen hineingeben.

DIE SUPPE in vorgewärmten Tellern anrichten, mit Petersilie bestreuen und servieren.

Für vier Personen
Zubereitungszeit: 80 Minuten
(davon 30 Minuten Arbeitszeit)
Pro Portion ca. 210 Kalorien

➤ *Für Gemüsefans*

Die Zutaten
> *600 g Spargel*
> *2 EL Butter*
> *1/2 kleine unbehandelte Zitrone*
> *Salz*
> *200 g Sahne*
> *2 Stängel Petersilie*
> *Pfeffer aus der Mühle*

SUPPEN SNACKS

Endiviensuppe
mit Pecorino
und Basilikumöl

23

Die Zutaten

> 1 kleiner Kopf Endivien- oder Eisbergsalat
> 1 Bund Basilikum
> 50 ml Olivenöl
> Salz
> Pfeffer aus der Mühle
> 800 ml Gemüsefond (aus dem Glas oder selbst gemacht Seite 14)
> 80 Joghurt
> Saft von 1 Zitrone
> 20 g Pecorino am Stück (aus dem italienischen Feinkostgeschäft)

Für vier Personen
Zubereitungszeit: 25 Minuten
Pro Portion ca. 150 Kalorien

> *Genuss light*

ENDIVIEN- oder Eisbergsalat putzen, waschen und in feine Streifen schneiden. Basilikum waschen, Blätter abzupfen und mit ca. 40 ml Olivenöl und einer Prise Salz vermengen. Mischung 10 Minuten im Gefrierfach gut durchkühlen, anschließend mit einem Pürierstab fein pürieren.

RESTLICHES OLIVENÖL in einem Topf erhitzen, Salatstreifen dazugeben, mit Salz und Pfeffer kräftig würzen und mit Gemüsefond auffüllen. Suppe kurz aufkochen, dann Hitze reduzieren und den Joghurt einrühren. Mit Zitronensaft, Salz und Pfeffer abschmecken und 2-3 Minuten bei ganz schwacher Hitze ziehen lassen.

ENDIVIENSUPPE in Tassen oder in eine Terrine füllen, Pecorino darüber hobeln, dann unterrühren. Basilikumöl darüber träufeln und servieren.

Potage Santé

Für sechs bis acht Personen
Zubereitungszeit: 45 Minuten
(+ 25 Minuten Kochzeit)
Bei acht Personen pro Portion ca.
220 Kalorien

➤ *Für Gemüsefans*

Die Zutaten

> *4 Stangen Lauch*
> *1 kleine Zwiebel*
> *80 g Butter*
> *1 kg mehlig kochende Kartoffeln*
> *1/2 l Gemüsebrühe*
> *Salz*
> *Pfeffer aus der Mühle*
> *1/4 l Vollmilch (3,5% Fett)*
> *100 g Sauerampfer (beim Gemüsehändler vorbestellen, ersatzweise Petersilie oder Rucola)*
> *100 g Kopfsalat*
> *2 EL Olivenöl*
> *1 EL frisch gehackter Kerbel*

FÜR DIE SUPPE den Lauch sorgfältig waschen. Das dunkle Grün wegschneiden. Die Zwiebel schälen und mit dem weißen Lauch fein schneiden.

IN EINER KASSEROLLE 1 EL Butter zerlassen, den Lauch und die Zwiebel darin anschwitzen und zugedeckt bei mittlerer Hitze 10-12 Minuten dünsten. Inzwischen die Kartoffeln waschen, schälen, vierteln, dann kurz mitdünsten. Gemüsebrühe angießen, salzen, leicht pfeffern und alles ca. 25 Minuten zugedeckt weich kochen.

DIE SUPPE pürieren und nach Belieben durch ein Sieb passieren.

IN EINEM TOPF die Milch erhitzen, dann zur Suppe gießen, alles mit dem Pürierstab aufmixen und bei ganz schwacher Hitze warm halten.

SAUERAMPFER und Salat putzen, waschen, trockenschleudern und in feine Streifen schneiden. Die restliche Butter mit einem Schneebesen unter die warm gehaltene Suppe rühren. In einer Pfanne das Olivenöl erhitzen. Sauerampfer und Salat darin rasch anbraten (sautieren), auf Küchenkrepp abtropfen lassen, dann unter die Suppe mischen. Wenn nötig, die Suppe noch mit etwas Milch verlängern, mit Salz und Pfeffer abschmecken und in einer Terrine mit Kerbel bestreut servieren. Dazu geröstetes Baguette reichen.

Gazpacho

Für vier Personen
Zubereitungszeit: 35 Minuten
(+ 3 Stunden Kühlzeit)
Pro Portion ca. 260 Kalorien

➤ *Cool and easy*

Die Zutaten

> *750 g vollreife Eiertomaten*
> *1 große grüne Paprikaschote*
> *je 1 rote und gelbe Paprika-schote*
> *1/2 Salatgurke*
> *1 kleine grüne Pfefferschote*
> *1 Knoblauchzehe*
> *2 Zwiebeln*
> *40 g gehackte Mandeln*
> *1-2 EL Sherry-Essig*
> *5 EL kaltgepresstes Olivenöl*
> *Salz*
> *schwarzer Pfeffer aus der Mühle*
> *Tabasco nach Belieben*
> *2 Scheiben Weißbrot ohne Rinde*

TOMATEN mit einem scharfen Messer kreuzweise einschneiden, mit kochendem Wasser überbrühen, enthäuten und vierteln. Dabei das Kerngehäuse herausschneiden und durch ein Sieb zu den Tomaten streichen.

PAPRIKASCHOTEN waschen, halbieren und entkernen. Schoten klein schneiden, nach Belieben ein paar Paprikastreifen zum Dekorieren beiseite stellen. Gurke schälen, entkernen und ebenfalls klein schneiden. Pfefferschote waschen, Stiel entfernen. Pfefferschote entkernen und grob hacken. Knoblauch und Zwiebeln schälen und fein schneiden. Alles mit den Mandeln in einem hohen Topf mit dem Pürierstab oder im Mixer fein pürieren.

SUPPE mit Sherry-Essig, 3 EL Öl, Salz, Pfeffer und Tabasco würzig abschmecken. 3 Stunden kühl stellen.

WEISSBROT würfeln und in der Pfanne im restlichen Öl goldbraun rösten.

GAZPACHO eisgekühlt in tiefen Tellern servieren, mit den Brotwürfeln bestreuen und eventuell mit den Paprikastreifen garnieren.

Reisnudel-
suppe

DIE REISNUDELN in kaltem Wasser einweichen. Inzwischen das Gemüse putzen und waschen bzw. schälen. Frühlingszwiebeln in 2-3 cm lange Stücke, Baby-Maiskolben schräg in feine Scheibchen schneiden oder längs halbieren. Zwiebel in Ringe schneiden. Tomate fein würfeln. Staudensellerie hacken.

TOFU in Würfelchen schneiden. Brühe in einem Topf erhitzen. Frühlingszwiebeln, Maiskolben, Zwiebel, Tomate und Staudensellerie mit Zitronenblättern oder abgeriebener Limettenschale, Pfeffer, Ingwer und einer Prise Salz in die Brühe geben.

SUPPE kurz aufkochen. Hitze reduzieren und alles 5-7 Minuten köcheln lassen. Reisnudeln abtropfen lassen, in die Suppe geben und weitere 4 Minuten mitköcheln lassen. Die Tofuwürfel mit erhitzen.

SUPPE mit Salz und eventuell noch etwas Ingwer und Pfeffer abschmecken, in Portionsschälchen füllen, nach Belieben mit Koriandergrün garnieren und servieren.

Die Zutaten

> *150 g breite Reisnudeln*
> *3 Frühlingszwiebeln*
> *2 Baby-Maiskolben*
> *1 rote Zwiebel*
> *1 Tomate*
> *1 Stange Staudensellerie*
> *100 g Tofu*
> *700 ml Gemüsebrühe*
> *6 Zitronenblätter (aus dem Asienladen) oder 1/2 TL abgeriebene Limettenschale*
> *1 EL grob gemahlener Pfeffer*
> *1 Msp. frisch geriebener Ingwer*
> *Salz*
> *frisches Koriandergrün zum Garnieren*

Für vier Personen

Zubereitungszeit: 40 Minuten
Pro Portion ca. 220 Kalorien

➤ *Low fat*

Rotes Zwiebelcreme-süppchen mit Schmand und Schnittlauch

Der Profi-Tipp

Probieren Sie auch die weiße Variante des Rezepts: Verwenden Sie statt roter Zwiebeln weiße aus Südeuropa, außerdem hellen Traubensaft und Weißwein. Zu dem weißen Zwiebelsüppchen schmecken Knoblauch-Käsecroûtons besonders gut.

Für vier Personen

Zubereitungszeit: 25 Minuten
Pro Portion ca. 270 Kalorien

➤ *Party-Renner*

Die Zutaten

> 350 g rote Zwiebeln
> 1 kleines Bund Schnittlauch
> 1 Lorbeerblatt
> 3 Nelken
> 1 Zweig Thymian
> 3 Wacholderbeeren
> 1 EL Butter
> 100 ml roter Traubensaft
> 100 ml Rotwein
> 600 ml Gemüsebrühe
> 200 g Sahne
> Salz
> Pfeffer aus der Mühle
> 4 TL Schmand

ZWIEBELN schälen und in Streifen schneiden. Schnittlauch waschen und in Röllchen oder kleinere Stücke schneiden. Lorbeerblatt, Nelken, Thymian und Wacholderbeeren in ein Mullsäckchen oder einem Teefilter aus Papier einbinden.

DIE BUTTER in einem breiten Topf erhitzen. Zwiebelringe darin glasig schwitzen. Abwechselnd mit Traubensaft und Rotwein mehrmals ablöschen und jeweils bei starker Hitze etwas einkochen lassen. Mit Gemüsebrühe auffüllen, Sahne und Gewürzsäckchen hinzufügen, alles aufkochen und 5-8 Minuten köcheln lassen.

GEWÜRZSÄCKCHEN aus dem Topf nehmen und die Suppe mit dem Pürierstab pürieren. Mit Salz und Pfeffer abschmecken, in vorgewärmte Teller einfüllen, mit einem Klecks Schmand und mit Schnittlauch bestreut servieren.

Klare Suppe mit Tofu

Der Profi-Tipp

Sie können sowohl frischen als auch geräucherten Tofu verwenden, den weichen, »softeren« oder auch den festeren gepressten. Diesen vorher kurz anbraten. Wer keinen Tofu mag, lässst ihn weg. Ergänzen Sie die Suppe dann nach Belieben mit Gemüse oder Keimlingen.

Für vier Personen
Zubereitungszeit: 25 Minuten
Pro Portion ca. 200 Kalorien

➤ *Für Einsteiger*

Die Zutaten

> *300 g Tofu*
> *125 g Sojabohnenkeimlinge*
> *2 Frühlingszwiebeln*
> *1 Stange Staudensellerie mit Blättern*
> *1 l Gemüsebrühe*
> *250 g Schweinehackfleisch*
> *1 Msp. Thai-Curry*
> *Pfeffer aus der Mühle*

TOFU in mundgerechte Würfel schneiden, Sojabohnenkeimlinge putzen, abspülen und abtropfen lassen. Frühlingszwiebeln und Staudensellerie mit den Blättern putzen, waschen und fein hacken.

BRÜHE in einem Topf erhitzen. Schweinefleisch in eine Schüssel geben, ca. 1/4 l heiße Brühe darauf gießen und das Fleisch mit einer Gabel gut zerkleinern.

HACKFLEISCHMASSE zur Brühe in den Topf geben und bei mittlerer Hitze 5 Minuten kochen. Tofu, Sojabohnenkeimlinge, Frühlingszwiebeln, Staudensellerie und Thai-Curry unterrühren und die Suppe zum Kochen bringen. Die Hitze reduzieren und die Suppe weitere 3 Minuten köcheln lassen.

SUPPE in tiefe Teller umfüllen, nach Belieben mit Pfeffer abschmecken und entweder als getrennten Suppengang oder – auf traditionell thailändische Art – zusammen mit dem Hauptgericht servieren.

Suppen Kult

Schicker geht's nicht. Mit Multikulti im Kochtopf und Mega-Aroma im Löffel.

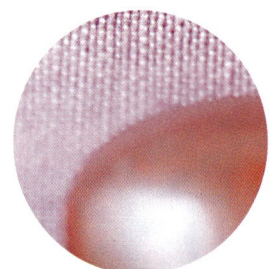

Bärlauchsuppe

Für vier bis sechs Personen

Zubereitungszeit: 40 Minuten

Bei sechs Personen pro Portion
ca. 230 Kalorien

➤ *Für Kräuterfans*

Die Zutaten

> *250 g Bärlauch*
> *Salz*
> *1 l Gemüsebrühe*
> *1 Knoblauchzehe*
> *5 EL Öl*
> *2 Schalotten*
> *2 EL Butter*
> *Salz*
> *Pfeffer aus der Mühle*
> *200 g Sahne*
> *2 Eigelbe*

BÄRLAUCH mit kochendem Salzwasser kurz überbrühen, mit kaltem Wasser abschrecken, mit 1-2 Tassen Brühe im Mixer oder mit einem Pürierstab pürieren und nach Belieben durch ein Sieb streichen.

KNOBLAUCH schälen, in dünne Scheiben schneiden und im heißen Öl in einer Pfanne goldgelb frittieren, auf Küchenpapier abtropfen lassen.

SCHALOTTEN schälen, in feine Würfel schneiden und in der Butter anschwitzen. Mit restlicher Brühe auffüllen, erhitzen und mit Salz und Pfeffer kräftig abschmecken. Sahne und Eigelbe gut verquirlen und unter Rühren in die Brühe gießen.

TOPF vom Herd nehmen, Bärlauch mit einem Pürierstab untermixen. Die Suppe auf Tellern verteilen, mit den Knoblauchchips garnieren und servieren.

TIPP: Bärlauch finden Sie nur im Frühjahr frisch. Außerhalb der Saison können Sie auch Rucola verwenden.

Japanische Misosuppe

BRÜHE erhitzen. Misopaste einrühren, bis sie sich vollständig aufgelöst hat. Suppe mit Salz und Pfeffer würzen.

DEN TOFU dazugeben und 4-5 Minuten leicht köcheln lassen. Frühlingszwiebeln putzen, klein schneiden und in die Suppe geben. Wakame in kaltem Wasser einweichen. Chilischote waschen, entkernen und klein schneiden.

IN EINEM zweiten Topf die Nudeln in heißem Wasser kurz aufwallen lassen und sofort in kaltem Wasser abschrecken. Die Bohnenkeimlinge waschen und zusammen mit der klein geschnittenen Chilischote in einer Pfanne oder Wok anbraten, den Sesam kurz mitrösten.

NUDELN, Bohnenkeimlinge und Wakame in Schüsseln oder tiefen Tellern verteilen, die Tofu-Suppe darüber gießen und servieren.

TIPP: Dashi, die japanische Fischbrühe, wird oft aus getrockneten Bonitoflocken und Kombuflocken hergestellt. Wakame, typische Zutat der Miso-Suppe, ist eine japanische Algenart, vergrößert sich um das Siebenfache. All diese Produkte bekommen Sie in Japanläden und asiatischen Lebensmittelgeschäften. Wer will, kann die Suppe noch mit etwas Sesamöl und frisch geschnittenem Koriandergrün verfeinern.

Die Zutaten (siehe Tipp)

> 1 l Dashi-Fischbrühe (ersatzweise andere Brühe)
> 3 EL Misopaste
> Salz
> schwarzer Pfeffer aus der Mühle
> 100 g weicher Tofu
> 2 Frühlingszwiebeln
> 2 TL Wakame (getrockneter japanischer Seekohl)
> 1 rote Chilischote
> 200 g Somennudeln
> 100 g Bohnenkeimlinge
> 1 TL heller Sesamsamen

Für vier Personen
Zubereitungszeit: 45 Minuten
Pro Portion ca. 450 Kalorien

➤ *Exotisch, klassisch, im Trend*

35

Papaya-Melonen-Süppchen mit marinierten Rinderfiletscheiben und schwarzem Sesam

36

Der Profi-Tipp

Anstelle von Rindfleisch können Sie auch Filet vom Kalb, Kaninchen oder Geflügel hauchdünn aufschneiden und marinieren. Wer lieber Fisch mag, sollte rosa Tunfisch oder Seeteufel nehmen. Natürlich kann man die Suppe auch ohne Fisch oder Fleisch einfach mit Früchten servieren.

Für vier Personen
Zubereitungszeit: 30 Minuten
Pro Portion ca. 140 Kalorien

➤ *Low fat*

Die Zutaten

> *80 g Rinderfilet*
> *Salz*
> *Pfeffer aus der Mühle*
> *20 ml Ketjap Manis (aus dem Asienladen) oder Sojasauce*
> *2 reife Papaya*
> *2 reife Charantaismelonen*
> *1 TL Puderzucker*
> *1 Msp. Chilipulver*
> *800-900 ml Geflügelbrühe*
> *Tabasco nach Belieben*
> *2 TL schwarzer Sesam*

RINDERFILET in 8 hauchdünne Scheiben schneiden, mit Salz und Pfeffer würzen und in Ketjap Manis marinieren.

PAPAYA und Melonen halbieren, entkernen, Fruchtfleisch auslösen und in kleine Stücke schneiden. Nach Belieben einige Fruchtwürfelchen zum Garnieren beiseite legen.

IN EINEM TOPF den Puderzucker erhitzen und karamellisieren lassen. Fruchtfleischwürfel zugeben, mit Chilipulver bestäuben, mit 800 ml Geflügelbrühe auffüllen und aufkochen. Dann mit dem Pürierstab fein pürieren, eventuell noch etwas Geflügelbrühe unterrühren und die Suppe mit Salz und Tabasco kräftig würzen.

DIE SUPPE sofort in vorgewärmte, tiefe Teller füllen, marinierte Rinderfiletscheiben und eventuell Fruchtwürfelchen hineingeben, mit schwarzem Sesam bestreuen und servieren.

Linsensuppe
mit gebratener
Kaninchenleber

» Diese feine, leckere Suppe rustikalen Ursprungs fand auch bei verwöhnten Gaumen Anklang. Denn ob Popstar oder hochgestellte Persönlichkeit – viele Genießer besinnen sich wieder und erfreuen sich an den einfachen Dingen. «

Für vier Personen
Zubereitungszeit: 1 Stunde
(+ 2 Stunden Einweichzeit)
Pro Portion ca. 300 Kalorien

➤ *Low budget*

Für die Suppe
> *100 g kleine Berglinsen*
> *1 kleine Zwiebel*
> *50 g durchwachsener Räucherspeck*
> *50 g Butter*
> *2-3 EL Aceto Balsamico*
> *Salz*
> *Pfeffer aus der Mühle*
> *1 Zweig frischer Thymian*
> *4 Stängel Petersilie*
> *1 Msp. Dijonsenf*

Für die Kaninchenleber
> *120 g Kaninchenleber (ersatzweise Geflügelleber)*
> *1 EL Butter*
> *Salz*
> *Pfeffer aus der Mühle*
> *1 TL frisch gehackter Majoran oder 1-2 Msp. getrockneter Majoran*

LINSEN mit kaltem Wasser bedecken und 2 Stunden darin einweichen. Zwiebel schälen und mit dem Speck klein würfeln. In knapp der Hälfte der Butter glasig schwitzen. 1 EL Essig, die eingeweichten Linsen und 800 ml Wasser dazugeben. Alles salzen, pfeffern und einmal aufkochen. Bei schwacher Hitze 20 Minuten köcheln lassen. Dann die Kräuter waschen und einlegen. Linsen in weiteren 20 Minuten weich kochen.

2 EL LINSEN aus dem Topf nehmen und beiseite stellen. Die restliche Suppe im Mixer oder mit dem Pürierstab fein pürieren und durch ein Sieb passieren. Die restliche Butter in einem Pfännchen goldbraun aufschäumen lassen und mit dem Senf und 1-2 EL Essig unter die pürierte Suppe rühren.

VON DER KANINCHENLEBER Häute und Blutgefäße entfernen. Die Butter in einer Pfanne erhitzen und die Leber darin 3-5 Minuten von beiden Seiten anbraten. Mit Salz, Pfeffer und Majoran würzen. Leber nochmals in der Butter kurz durchschwenken, auf Küchenpapier abfetten und in Scheiben schneiden. Die Suppe auf vorgewärmte Teller verteilen, die nicht pürierten Linsen und die Kaninchenleberscheiben jeweils in die Mitte geben.

Kürbis-
Orangen-Suppe

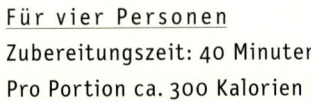

Für vier Personen

Zubereitungszeit: 40 Minuten
Pro Portion ca. 300 Kalorien

➤ *Für die Suppenparty*

Die Zutaten

> ca. 1 kg Kürbis (mit Schale ge-
> wogen. Es sollen 500 g Kürbis-
> Fruchtfleisch übrig bleiben)
> 100 g Schalotten
> 1 Knoblauchzehe
> 1 kleines Stück frischer Ingwer
> (ca. 20 g)
> 4 Strauchtomaten
> 4-6 getrocknete Tomaten
> 1 1/2 EL Butter
> Salz
> weißer Pfeffer aus der Mühle
> Saft von 4 Orangen
> 800 ml Tomaten-Consommé
> (Rezept Seite 50) oder Gemüse-
> fond (aus dem Glas oder selbst
> gemacht Seite 14)
> 1/2 TL Zucker
> Kürbiskerne zum
> Drüberstreuen

KÜRBIS schälen, entkernen und dabei von groben Fasern befreien. 500 g Fruchtfleisch in Scheiben und diese in ca. 1 cm breite Streifen oder Stücke schneiden. Schalotten schälen und in Ringe schneiden. Knoblauch und Ingwer schälen und fein hacken.

FRISCHE TOMATEN mit kochendem Wasser überbrühen, häuten, entkernen und würfeln. Getrocknete Tomaten in einem Sieb mit kochend heißem Wasser übergießen und klein schneiden.

KÜRBISSTÜCKE mit den Schalotten in der Butter rasch anbraten (sautieren). Knoblauch, Ingwer, frische und getrocknete Tomaten dazugeben, mit Salz und Pfeffer würzen, mit Orangensaft ablöschen und etwas einköcheln lassen. Tomaten-Consommé oder Gemüsefond angießen, aufkochen und alles 15-20 Minuten leicht köcheln lassen. Suppe noch mal mit Salz und eventuell Zucker abschmecken und nach Belieben mit Kürbiskernen bestreut servieren, z. B. in einem kleinen ausgehöhlten Kürbis.

Spinatsuppe mit
Gorgonzola und
Pinienkernen

PINIENKERNE in einer Pfanne ohne Fett goldbraun rösten, dann abkühlen lassen.

SPINAT verlesen, gründlich waschen und die groben Stiele entfernen. Einige kleine Blätter zum Garnieren beiseite legen. Zwiebeln und Knoblauch schälen und fein hacken.

BUTTER in einem großen Topf erhitzen. Zwiebeln und Knoblauch darin andünsten. Den tropfnassen Spinat und 200 ml Brühe dazugeben, aufkochen und Spinat zusammenfallen lassen. Mit Salz, Pfeffer und Muskatnuss würzen. Alles ca. 3 Minuten bei schwacher Hitze köcheln lassen. Spinat mit dem Pürierstab fein pürieren. Restliche Brühe dazugießen, aufkochen und die Suppe noch einmal mit Salz, Pfeffer und Muskat abschmecken.

DIE SAHNE mit 1 Prise Salz steif schlagen und unter die Suppe ziehen. Gorgonzola grob zerkleinern. Die Spinatsuppe kurz erwärmen, dann in tiefen Tellern mit Pinienkernen, Gorgonzola und Spinatblättchen anrichten und sofort servieren.

Die Zutaten

> *4 EL Pinienkerne*
> *750 g frischer Blattspinat*
> *2 Zwiebeln*
> *1 Knoblauchzehe*
> *2 EL Butter*
> *800 ml Geflügelfond (aus dem Glas oder selbst gemacht Seite 14)*
> *Salz*
> *weißer Pfeffer aus der Mühle*
> *geriebene Muskatnuss*
> *80 g Sahne*
> *150 g Gorgonzola*

Für vier bis sechs Personen
Zubereitungszeit: 30 Minuten
Bei sechs Personen pro Portion
ca. 210 Kalorien

➤ *Für Einsteiger*

41

Hühnersuppe
mit Kokosmilch

» Die Suppe darf geschlürft werden.
In Asien ist das fast ein Ritual,
achten Sie darauf, dass sie richtig heiß ist.
Und auch Improvisieren ist erlaubt.
Verzweifeln Sie deshalb nicht, wenn die eine
oder andere Zutat mal nicht zur Hand ist. «

Für vier Personen
Zubereitungszeit: 1 Stunde
Pro Portion ca. 210 Kalorien

➤ *Thai-Trend*

Die Zutaten

> *400 g Hähnchenbrustfilets*
> *2 rote Chilischoten*
> *3-4 Stängel Zitronengras*
> *4-6 Zitronenblätter (aus dem Asienladen)*
> *2 mittelgroße Zucchini*
> *1 rote Paprikaschote*
> *1 Knoblauchzehe*
> *1 kleines Stück frischer Galgant (aus dem Asienladen) oder Ingwer (ca. 20 g)*

> *1 EL Sojaöl*
> *400 ml Geflügelfond (aus dem Glas oder selbst gemacht, Seite 14)*
> *425 ml Kokosmilch (aus der Dose)*
> *150 g Zuckermaiskörner (aus der Dose)*
> *Salz*
> *1/2 Bund frisches Koriandergrün*

FILETS unter fließend kaltem Wasser abspülen, trockentupfen und in breite Streifen schneiden. Chilischoten entstielen, entkernen und in feine Ringe schneiden. Zitronengras und -blätter waschen, die holzige obere Hälfte wegschneiden. Zitronengrasstängel etwas zerdrücken und in 2 cm lange Stücke schneiden.

ZUCCHINI und Paprika waschen, putzen und klein schneiden. Knoblauch und Galgant oder Ingwer schälen und fein hacken.

HÄHNCHENFILETS in heißem Öl anbraten, klein geschnittenes Gemüse, Knoblauch, Galgant und Chili kurz mitdünsten. Mit Geflügelfond und Kokosmilch ablöschen. Zuckermaiskörner, Zitronengras und -blätter dazugeben. Eventuell noch etwas Wasser angießen. Alles zugedeckt 6-8 Minuten bei schwacher Hitze ziehen lassen. Suppe mit Salz abschmecken. Koriandergrün abbrausen, Blättchen vom Stängel zupfen und vor dem Servieren über die Suppe streuen. Eventuell Suppe noch mit Zitronenblättern garnieren.

Polentarahmsüppchen
mit Pfifferlingen und schwarzen Oliven

Für vier bis sechs Personen
Zubereitungszeit: 50 Minuten
Bei sechs Personen pro Portion
ca. 490 Kalorien

➤ *Verführung auf Italienisch*

Die Zutaten

> 50 g durchwachsener
>   *Bauchspeck*
> *1 Knoblauchzehe*
> *2 Schalotten*
> *2 Zweige Rosmarin*
> *2 Zweige Thymian*
> *1 l Geflügelfond (aus dem Glas*
>   *oder selbst gemacht Seite 14)*
> *Salz*
> *Pfeffer aus der Mühle*
> *120 g Pfifferlinge*
> *50 g schwarze Oliven*
> *1 EL Olivenöl*
> *500 g Sahne*
> *80 g Polenta (Maisgrieß)*
> *2 EL Butter*
> *geriebene Muskatnuss*
> *1 EL frisch gehacktes Basilikum*

SPECK in feine Würfel schneiden. Knoblauch und Schalotten schälen und hacken. Rosmarin und Thymian waschen. Blättchen fein hacken.

IN EINEM breiten heißen Topf bei mittlerer Hitze Speck ohne Fett anbraten, Knoblauch und Schalotten kurz mitdünsten, mit Geflügelfond auffüllen, Rosmarin und Thymian zugeben. Alles salzen und pfeffern und bei mittlerer bis starker Hitze um ein Drittel einköcheln lassen.

INZWISCHEN Pfifferlinge putzen und waschen. Oliven vierteln. Pfifferlinge in einer Pfanne in dem heißen Olivenöl braten, Olivenviertel zugeben, mit Salz und Pfeffer würzen und auf einem Küchenkrepp abtropfen lassen.

SAHNE in den eingekochten Fond einrühren und aufkochen lassen, Fond durch ein Sieb passieren und nochmals aufkochen. Polenta einrühren und bei ganz schwacher Hitze unter häufigem Rühren mit einem Holzlöffel 30-35 Minuten köcheln bzw. quellen lassen.

UNTER die fertige Polenta Butter mit einem Schneebesen rühren. Mit Salz, Pfeffer und Muskat kräftig abschmecken. Die Suppe in vorgewärmte Teller füllen, Pfifferlinge und Oliven hineingeben, mit Basilikum bestreuen und servieren.

TIPP: Wer Fett und Kalorien sparen will, ersetzt 200-300 g Sahne durch die entsprechende Menge Geflügelfond.

Kaltes Möhren-Ingwer-Süppchen

Der Profi-Tipp

Garnieren Sie das coole Süppchen mit Limettenzesten und Möhrenjulienne. Möhre schälen, längs in Scheiben hobeln, dann in feine Juliennestreifen schneiden. Streifen kurz blanchieren und kalt abschrecken.

Für die Zesten die heiß abgewaschene Limette hauchdünn schälen, Schale dann in feine Streifen schneiden.

Für vier Personen
Zubereitungszeit: 25 Minuten
(+ 2-3 Stunden Kühlzeit)
Pro Portion ca. 180 Kalorien

➤ *Low budget*

Die Zutaten

> *2 Schalotten*
> *400 g Möhren*
> *1 kleines Stück frischer Ingwer (ca. 20 g)*
> *1 EL Butter*
> *2 TL Zucker*
> *1 l Gemüsebrühe*
> *250 g saure Sahne*
> *Salz*
> *Pfeffer aus der Mühle*
> *Saft von 1 Limette*
> *1 TL frisch gehacktes Koriandergrün*

DIE SCHALOTTEN schälen und würfeln. Die Möhren schälen und in Scheiben schneiden. Ingwer schälen und raspeln.

DIE BUTTER in einem Topf erhitzen, Schalotten darin andünsten, Möhren, Ingwer und Zucker zugeben und alles schön glasieren. Mit Gemüsebrühe ablöschen, Möhren in 15-20 Minuten weich kochen und abkühlen lassen.

SAURE SAHNE einrühren, dann die Suppe im Mixer oder mit einem Pürierstab fein pürieren und durch ein Sieb passieren. Mit Salz, Pfeffer und Limettensaft abschmecken, dann im Kühlschrank 2 Stunden durchkühlen lassen.

IN VORGEKÜHLTEN Tellern anrichten, mit Koriander bestreuen und servieren.

TIPP: Anstelle von frischem Ingwer kann man auch eingelegten verwenden, der in asiatischen Lebensmittelgeschäften erhältlich ist. Obendrein ist die Suppe im Winter auch warm ein Genuss.

Gourmet Suppen

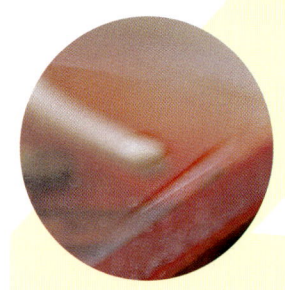

Warum nicht mal **zu Hause** essen wie im Feinschmeckertempel? Nur **Mut!**

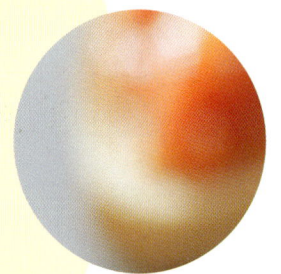

Tomaten-
consommé

Für ca. 3 l:
Zubereitungszeit: 50 Minuten
(+ Marinierzeit über Nacht
+ 5 Stunden Kochzeit)
Pro Liter ca. 50 Kalorien

➤ *Für ambitionierte Suppenköche*

Die Zutaten

> *5 Dosen Tomaten à 400 g*
> *(Abtropfgewicht 240 g)*
> *500 g reife Tomaten*
> *2 kleine Zwiebeln*
> *2 Schalotten*
> *1 Stange Staudensellerie*
> *1 kleines Stück Knollensellerie*
> *(50 g)*
> *1 kleine Möhre*
> *1 Knoblauchzehe*
> *250 g mageres Rindfleisch*
> *4 Eiweiß*
> *2 EL Meersalz*
> *1 1/2 EL weiße Pfefferkörner*
> *2 1/2 EL Zucker*
> *1 Lorbeerblatt*
> *500 g Eiswürfel*

DIE DOSENTOMATEN abgießen. Die frischen Tomaten waschen, grob zerkleinern und mit den Dosentomaten sorgfältig vermischen.

ZWIEBELN, Schalotten, Sellerie, Möhre und Knoblauch schälen und grob würfeln. Das Rindfleisch in Stücke schneiden und zusammen mit dem Gemüse durch den Fleischwolf (mittlere Scheibe) drehen.

EIWEISS hinzufügen und gründlich mit der Fleischmischung verschlagen. Salz, Pfeffer, Zucker und Lorbeerblatt darunter rühren und mit den Tomaten in den größten Suppentopf des Hauses geben. Noch einmal durchrühren und mit 2,5 l kaltem Wasser und den Eiswürfeln auffüllen. Nach Möglichkeit über Nacht im Kühlschrank durchziehen lassen, damit sich das Aroma voll entfalten kann.

AM NÄCHSTEN TAG den Topf auf den Herd stellen. Die Suppe zum Kochen bringen, dabei ständig mit einem flachen Spatel oder Bratenwender umrühren. Das Umrühren ist am Anfang besonders wichtig, damit sich das Eiweiß nicht am Boden absetzt.

GLEICH NACH DEM AUFKOCHEN die Hitze reduzieren und alles ca. 5 Stunden zugedeckt und ohne Rühren leicht köcheln lassen. Dabei ab und zu probieren und, wenn nötig, nachwürzen. Die durch das Eiweiß gebundenen Trübstoffe steigen langsam auf und bilden mit der Fleischmischung einen so genannten Kuchen an der Oberfläche, die Suppe wird schön klar.

DIE CONSOMMÉ zum Schluss vorsichtig durch ein feines Sieb gießen und als Basis für andere Suppen (z. B. Kürbis-Orangen-Suppe von Seite 40) verwenden.

SIE KÖNNEN die Tomatenconsommé auch einfach mit kleinen Tomatenwürfeln, mit Spaghettini oder Buchstabennudeln servieren. Ganz edle Einlage: Lammfilets in dünne Scheibchen schneiden und roh in die heiße Suppe geben oder Filet von der Rotbarbe anbraten und in der Suppe ziehen lassen.

TIPP: Sie können die Consommé für einige Tage in dicht schließenden Gläsern kühl aufbewahren; oder in geschlossenen Gefäßen portionsweise einfrieren, so haben Sie immer einen Vorrat oder eine eventuelle Basis für verschiedene Suppen zur Hand.

Entenborschtsch

Für vier Personen
Zubereitungszeit: 45 Minuten
Pro Portion ca. 140 Kalorien

➤ *Genuss light*

Die Zutaten

> *Salz*
> *1 TL Kümmel*
> *2 kleine Rote Beten (ca. 150 g)*
> *200 g Entenbrustfilet*
> *Pfeffer aus der Mühle*
> *800 ml kräftige Geflügelbrühe*
> *50 g grüne Bohnen*
> *2 große Champignons*
> *1 EL Himbeeressig nach Belieben*
> *je 1 EL frisch gehackter Thymian und Borretsch*

REICHLICH WASSER mit Salz und Kümmel aufkochen. Rote Beten darin in 30-35 Minuten weich kochen.

INZWISCHEN Backofen auf 200° (Umluft auf 180°) vorheizen. Entenbrustfilet gut mit Salz und Pfeffer würzen. Die Haut mit schrägen Schnitten einschneiden. Eine ofenfeste Pfanne erhitzen. Entenbrust darin auf der Hautseite anbraten, wenden, dann mit der Pfanne in den heißen Ofen geben und 8-10 Minuten garen. Entenbrust herausnehmen und beiseite gestellt ruhen lassen. Ausgebratenes Fett wegschütten. Bratenansatz mit etwas Geflügelbrühe ablöschen.

BOHNEN putzen, in kochendem Wasser 10 Minuten blanchieren, kalt abschrecken und der Länge nach halbieren. Weich gekochte Rote Beten kalt abschrecken, schälen und in Stifte schneiden. Champignons mit Küchenkrepp sauber abreiben, Stiele entfernen. Hüte in gleichmäßige Stifte schneiden.

BRATENSAFT und restliche Geflügelbrühe aufkochen. Mit Salz, Pfeffer und eventuell Himbeeressig kräftig abschmecken. Rote Beten, Bohnen und Champignons in den Fond geben und 3-5 Minuten schwach köcheln lassen.

ENTENBRUST in Scheiben schneiden und mit dem austretenden Fleischsaft in die Suppe geben und darin erwärmen. Thymian und Borretsch in die Suppe geben und 2 Minuten darin ziehen lassen. Suppe dann servieren.

TIPP: Falls Sie keinen frischen Borretsch finden, können Sie auch Sauerampfer nehmen.

Steinpilzessenz
mit Blätterteighaube

Für vier Personen
Zubereitungszeit: 2 Stunden
Pro Portion ca. 680 Kalorien

➤ *Für ambitionierte Suppenköche*

Die Zutaten

> *300 g TK-Blätterteig*
> *3 Möhren*
> *2 Petersilienwurzeln*
> *1 Knoblauchzehe*
> *1 Stange Lauch*
> *1 Zweig frischer Thymian*
> *300 g Wildfleisch*
> *30 g getrocknete Steinpilze*
> *1 Lorbeerblatt*
> *1 Nelke*
> *2 Pimentkörner*
> *10 weiße Pfefferkörner*
> *3 bis 4 Wacholderbeeren*
> *Salz*
> *1/2 Zwiebel*
> *4 Eiweiße*
> *4 bis 5 zerstoßene Eiswürfel*
> *1,2 l Wildgeflügelfond (aus dem Glas) oder 800 ml Wildfond und 400 ml Geflügelfond*
> *1 Spritzer Cognac oder Madeira*
> *2 Eigelbe*

DEN BLÄTTERTEIG auftauen lassen. 1 Möhre, 1 Petersilienwurzel, Knoblauch und 1/2 Lauchstange putzen, schälen bzw. waschen und klein schneiden. Thymian waschen und Blättchen zupfen. Übriges Gemüse beiseite legen.

WILDFLEISCH mit Steinpilzen, klein geschnittener Möhre und Petersilienwurzel durch die große Scheibe eines Fleischwolfs drehen. Zerkleinerten Lauch, Thymianblättchen, Lorbeerblatt, Nelke, Pimentkörner, Pfefferkörner, Wacholderbeeren und etwas Salz unterrühren. Zwiebelhälfte mit Schale in einer Pfanne ohne Fett anrösten, mit den Eiweißen unter die Fleischmischung rühren und alles in einen großen Topf geben. Mit Eiswürfeln und Fond erhitzen. Bis zum Aufkochen mit einem Bratenwender am Topfboden rühren, damit das Eiweiß nicht ansetzt. Alles anschließend bei schwacher Hitze 30 - 40 Minuten köcheln lassen, dann durch ein feines Sieb gießen, mit Madeira oder Cognac abschmecken und erkalten lassen.

FÜR DIE EINLAGE die beiseite gelegten Möhren, die Petersilienwurzel und die restliche Lauchstange putzen, schälen, bzw. waschen und in feine Julienne-Streifen schneiden. Gemüsestreifen 2-3 Minuten in kochendem Wasser blanchieren, eiskalt abschrecken, in Suppentassen verteilen und mit der kalten Essenz auffüllen.

BACKOFEN auf 200° vorheizen. Blätterteig ausrollen, 4 Deckel ausstechen oder ausschneiden (Ø 2-3 cm größer als die Suppentassen). Aus den Resten nach Belieben noch Verzierungen ausstechen. Eigelbe verquirlen. Tassenränder damit bestreichen, Blätterteigdeckel aufsetzen, andrücken und nach Belieben noch mit einem Muster versehen. Suppe im heißen Ofen (Umluft 180°) 15 Minuten backen und sofort servieren.

TIPP: Die ebenso zeitaufwändige wie tolle Steinpilzessenz gleich in doppelter Menge zubereiten. Einen Teil einfrieren und auftauen, wenn mal wieder eine außergewöhnliche Suppe auf dem Menüplan stehen soll.

Panaché von Krusten- und Schalentieren

Für vier Personen
Zubereitungszeit: 30 Minuten
Pro Portion ca. 280 Kalorien

➤ *Schnell was Feines*

Die Zutaten

> *200 g Miesmuscheln*
> *2 Schalotten*
> *1 Bund Frühlingszwiebeln*
> *4 Orangen*
> *2 rohe Riesengarnelen mit Schale*
> *3 EL Olivenöl*
> *1 Zweig Rosmarin*
> *Salz*
> *Pfeffer aus der Mühle*
> *Saft von 1 Zitrone*
> *600 ml Fischfond (aus dem Glas oder selbst gemacht Seite 15)*
> *1 Msp. Safranfäden*
> *1/8 l Weißwein*
> *100 g gegarte und geschälte Garnelen oder Krabben*
> *1 EL frisch gehackte Petersilie*

MIESMUSCHELN unter fließendem Wasser waschen und abbürsten, geöffnete und beschädigte wegwerfen. Schalotten schälen und in Würfel schneiden. Frühlingszwiebeln putzen, waschen und in feine Ringe schneiden. 2 Orangen halbieren und auspressen, die übrigen beiden Orangen wie einen Apfel schälen und filetieren.

RIESENGARNELEN in 2 EL heißem Olivenöl mit der Schale ca. 5 Minuten braten, Rosmarinzweig zugeben, mit Salz, Pfeffer und etwas Zitronensaft würzen. Riesengarnelen herausnehmen, auf einem Küchenkrepp abtropfen lassen, aus der Schale brechen, Darm herauslösen und halbieren.

FISCHFOND mit Orangensaft und Safran langsam zum Kochen bringen. Inzwischen 1 EL Olivenöl in einem Topf erhitzen. Schalotten darin glasig dünsten. Muscheln zugeben, mit Weißwein ablöschen und zugedeckt 3-5 Minuten garen und beiseite stellen. Jetzt noch geschlossene Muscheln wegwerfen.

FRÜHLINGSZWIEBELRINGE in den kochenden Fisch-Orangensaft-Fond geben und ca. 3 Minuten köcheln lassen. Orangenfilets, Riesengarnelen, Garnelen oder Krabben und Muscheln zugeben. Fond mit Salz, Pfeffer und Zitronensaft abschmecken, vom Herd nehmen und zugedeckt ca. 2 Minuten ziehen lassen. Panaché in Schüsseln oder tiefen Tellern anrichten mit Petersilie bestreuen und servieren.

TIPP: Dazu passt kross gebackenes Baguette mit Tomatenbutter.

Selleriecreme-suppe mit Edelpilzkäse

SELLERIE und Kartoffeln schälen und in kleine Würfel schneiden. Zartes Selleriegrün beiseite legen. Zwiebel schälen und grob würfeln. Alles 5 Minuten unter Rühren in heißem Öl andünsten, mit Salz, Pfeffer und Muskat würzen. Gemüsefond und knapp 100 ml Wasser angießen. Zugedeckt 20-25 Minuten köcheln lassen. (Selleriewürfel von sehr dicken Knollen brauchen etwas länger.)

DAS GEMÜSE fein pürieren und anschließend durch ein Sieb streichen. Die Suppe aufkochen und mit Salz und Pfeffer nachwürzen. Sahne steif schlagen, in die Suppe einrühren und den Topf vom Herd nehmen.

KÄSE fein zerkleinern, Schnittlauch und Selleriegrün abbrausen und fein schneiden. Selleriecremesuppe in tiefen Tellern anrichten. Käse, Selleriegrün und Schnittlauch hineingeben. Sofort servieren.

Für vier Personen
Zubereitungszeit: 1 Stunde
Pro Portion ca. 370 Kalorien

➤ *Low budget*

Die Zutaten

> *2 junge Sellerieknollen (je ca. 250 g) mit Grün*
> *500 g Kartoffeln*
> *1 Zwiebel*
> *2 EL Sonnenblumenöl*
> *Salz*
> *weißer Pfeffer aus der Mühle*
> *geriebene Muskatnuss*
> *600 ml Gemüsefond (aus dem Glas oder selbst gemacht Seite 14)*
> *150 g Sahne*
> *100 g Edelpilzkäse (z. B. Roquefort oder Gorgonzola)*
> *1 Bund Schnittlauch*

Vietnamesische
Nudelsuppe

SHIITAKE-PILZE in warmem Wasser ca. 20 Minuten einweichen. Inzwischen Spinatblätter gut waschen, von den Stielen zupfen, nach Belieben kleiner zupfen oder schneiden. In einem großen Topf 1 l Wasser mit Salz zum Kochen bringen. Eingeweichte Shiitake-Pilze und Garnelen oder Krabben darin 2-3 Minuten ziehen lassen, herausnehmen und abtropfen lassen.

BRÜHE aufkochen. Eiernudeln hineingeben und ca. 5 Minuten mitkochen. Hitze reduzieren, Shiitake-Pilze und Garnelen oder Krabben in die Brühe geben. Dann den Spinat gut unterrühren.

SUPPE mit Salz, Chilipulver, Szechuan-Pfeffer und Reiswein abschmecken, in Portionsschälchen füllen, mit Sesamöl beträufeln und servieren.

Die Zutaten

> *50 g getrocknete Shiitake-Pilze*
> *50 g frischer Blattspinat*
> *Salz*
> *80 g gegarte und geschälte Garnelen oder Krabben*
> *750 ml Geflügelbrühe*
> *120 g asiatische Eiernudeln*
> *1 Msp. Chilipulver*
> *1 Msp. Szechuanpfeffer*
> *2 EL Reiswein*
> *1 TL Sesamöl*

Für vier Personen
Zubereitungszeit: 30 Minuten
Pro Portion ca. 160 Kalorien

➤ *Low fat*

59

Rieslingsuppe
mit Zanderklößchen

Für vier Personen
Zubereitungszeit: 35 Minuten
Pro Portion ca. 310 Kalorien
➤ *German classic*

Für die Zanderklößchen

> *100 g Zanderfilet*
> *1 Eiweiß*
> *Salz, Pfeffer aus der Mühle,*
> *geriebene Muskatnuss*
> *40 g Sahne*
> *Salz*

Für die Rieslingsuppe

> *1 Schalotte*
> *1 1/2 EL Butter*
> *100-110 ml Rieslingsekt*
> *600 ml Fischfond (aus dem Glas*
> *oder selbst gemacht Seite 15)*
> *100 g Sahne*
> *1 EL Crème fraîche*
> *Salz*
> *1-2 EL Zitronensaft*
> *1-2 EL frisch gehackter Kerbel*

FÜR DIE KLÖSSCHEN Zanderfilet in ca. 2 cm große Würfel schneiden, mit Eiweiß vermengen, mit Salz, Pfeffer und Muskat würzen. Anschließend gut durchkühlen.

INZWISCHEN für die Suppe Schalotte schälen, in feine Würfel schneiden und in der Butter glasig dünsten. Mit 100 ml Rieslingsekt ablöschen, mit Fischfond auffüllen. Alles aufkochen und um ein Drittel einköcheln lassen. Danach die Sahne und Crème fraîche mit dem Pürierstab dazumixen. Suppe beiseite stellen.

IM MIXER die vorbereitete Fischmischung für die Klößchen gut zu einer Farce zerkleinern, bis sie eine Bindung erhält. Die Sahne nach und nach dazugießen. Achten Sie darauf, dass die Farce nicht zu warm wird, da sie sonst gerinnt.

IN EINEM TOPF reichlich Wasser mit Salz aufkochen. Mit einem Teelöffel etwas Fischfarce abnehmen und mit dem Finger direkt ins kochende Wasser abstreifen, bis die Farce verbraucht ist. Den Topf vom Herd nehmen und die Klößchen zugedeckt 5-8 Minuten ziehen lassen.

DIE SUPPE noch einmal vorsichtig aufkochen, mit Salz, Zitronensaft und einem Schuss Rieslingsekt abschmecken, mit dem Pürierstab aufschäumen und in Tellern anrichten. Die Zanderklößchen in der Suppe verteilen, mit Kerbel bestreuen und servieren.

Topinambursuppe
mit Steinpilzen
und Bauchspeck

» Wenn Sie keine Steinpilze bekommen, ersetzen Sie sie durch **Maronen** oder **Pfifferlinge** – je nach Saison und Angebot. Achten Sie auf **Frische!** Sonst lieber getrocknete Pilze nehmen. «

Für vier Personen
Zubereitungszeit: 50 Minuten
Pro Portion ca. 690 Kalorien

➤ *Für die Suppen-Party*

Die Zutaten
> *250 g Steinpilze*
> *300 g Topinambur*
> *3 Schalotten*
> *2 EL Distelöl*
> *600 ml Geflügelbrühe*
> *2 dünne Scheiben durchwachsener Bauchspeck*
> *2 EL Butter*
> *Salz*
> *Pfeffer aus der Mühle*
> *80 g Schmand*
> *200 g Sahne*
> *1 EL Steinpilzöl nach Belieben*

STEINPILZE putzen und in Scheiben schneiden. Topinambur waschen, gründlich abbürsten oder dünn schälen und klein schneiden. Schalotten schälen und würfeln.

SCHALOTTEN und Topinambur in einem Topf in Distelöl anschwitzen, mit Geflügelbrühe ablöschen und in ca. 30 Minuten weich köcheln.

INZWISCHEN Speck in Streifen oder Würfel schneiden, in einer heißen Pfanne ohne zusätzliches Fett kross braten und beiseite stellen. Steinpilze in Butter braten, mit Salz und Pfeffer würzen und auf einem Küchenkrepp abtropfen lassen.

SCHMAND und Sahne zum Topinambur geben und alles weitere 5-10 Minuten leicht köcheln lassen. Die Suppe im Mixer fein pürieren und passieren, mit Salz und Pfeffer abschmecken und in vorgewärmten Tellern anrichten. Steinpilze und Bauchspeck hineingeben, nach Belieben noch mit Steinpilzöl beträufeln und servieren.

TIPP: Topinambur finden Sie häufig in Bio-Läden oder einfach beim Gemüsehändler vorbestellen.

Kühle Geflügelconsommé
mit Gartenkresse

Der Profi-Tipp

Natürlich können Sie die Suppe auch heiß servieren – und Gartenkresse mal durch Estragon ersetzen. Basilikum oder Minze passen ebenfalls ganz ausgezeichnet. Kapuzinerkresse sieht mit ihren Blüten besonders schön aus. Und probieren Sie die Suppe mal mit der wildwachsenden Brunnenkresse.

Für vier Personen
Zubereitungszeit: 25 Minuten
(+ ca. 4 Stunden Abkühlzeit)
Pro Portion ca. 300 Kalorien

➤ *Cooler Genuss*

Die Zutaten

> *2 Hähnchenbrustfilets*
> *1 EL Sonnenblumenöl*
> *Salz*
> *weißer Pfeffer aus der Mühle*
> *1/2 unbehandelte Zitrone*
> *1 kleine Stange Lauch*
> *1 Möhre*
> *1/2 Staude Stangensellerie*
> *800 ml Geflügelfond (aus dem Glas oder selbst gemacht Seite 14)*
> *2 Tomaten*
> *1 kleines Bund Gartenkresse*

HÄHNCHENFILETS unter kaltem Wasser abspülen, mit Küchenkrepp trockentupfen. Öl in einer Pfanne erhitzen, Hähnchenfilets darin unter Wenden ca. 10 Minuten saftig braten. Mit Salz und Pfeffer würzen, abkühlen lassen.

ZITRONE heiß abspülen und in Scheiben schneiden. Lauch und Möhre putzen und waschen bzw. schälen, beides in feine Stifte schneiden. Sellerie putzen, waschen und in dünne Scheiben schneiden. Geflügelfond in einem Topf erhitzen. Vorbereitetes Gemüse und Zitronenscheiben darin bei schwacher Hitze ca. 5 Minuten ziehen lassen. Mit Salz und Pfeffer abschmecken. Zitronenscheiben wieder entnehmen. Brühe zugedeckt abkühlen lassen, anschließend im Eisfach des Kühlschranks oder auf einer Schüssel mit Eis gut durchkühlen.

TOMATEN kreuzweise einritzen, mit heißem Wasser überbrühen, häuten und entkernen. Fruchtfleisch in Würfelchen schneiden. Hähnchenfleisch in feine Scheiben oder Streifen schneiden. Kresse waschen und zupfen, nach Belieben fein hacken. Consommé mit Tomatenwürfeln, Hähnchenbrustfilets und Gartenkresse in tiefen Tellern anrichten.

Sattmacher Suppen

 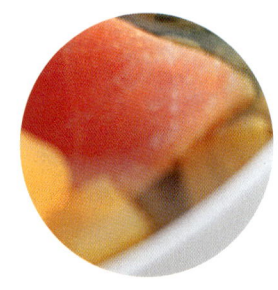 

So **lecker,** dass niemand mehr aufhören mag. Nicht mal für ein **kleines** Dessert.

Kartoffelsuppe mit gebratener Blutwurst und Backpflaumen

Der Profi-Tipp

Nehmen Sie das Rezept als Basis, würzen Sie nach eigenem Geschmack. Etwas Steinpilz- oder Trüffelöl macht die Suppe richtig edel. Gemüsefans kochen statt Speck mal Äpfel, Möhren oder Sellerie mit den Kartoffeln mit. Als Einlage passen auch Würstchen aller Art oder Gemüsewürfel.

Für vier Personen
Zubereitungszeit: 35 Minuten
Pro Portion ca. 440 Kalorien

➤ *Für Einsteiger*

Die Zutaten

> *600 g mehlig kochende Kartoffeln*
> *2 Schalotten*
> *60 g durchwachsener Räucherspeck*
> *2 EL Sonnenblumenöl*
> *800 ml Geflügel- oder Gemüsebrühe*
> *200 ml Milch*
> *100 g Schmand*
> *Salz*
> *geriebene Muskatnuss*
> *1 kleine Frühlingszwiebel*
> *50 g Backpflaumen ohne Stein*
> *120 g Ringblutwurst in Scheiben*
> *1-2 EL frisch gehackter Majoran*

KARTOFFELN schälen und grob würfeln, mit kaltem Wasser bedeckt zur Seite stellen. Schalotten schälen und würfeln, Speck ebenfalls in Würfel schneiden. Schalotten und Speck in 1 EL Öl bei mittlerer Hitze anbraten.

KARTOFFELN zugeben, mit Brühe ablöschen, aufkochen, in 15-20 Minuten zugedeckt weich kochen und anschließend fein pürieren. Milch erhitzen und mit dem Schmand unterrühren. Suppe mit Salz und Muskat kräftig abschmecken und bei schwacher Hitze warm halten.

FRÜHLINGSZWIEBEL putzen, waschen und in feine Ringe schneiden. Backpflaumen klein schneiden. Blutwurstscheiben eventuell etwas kleiner schneiden, im restlichen Sonnenblumenöl scharf anbraten, Backpflaumen kurz mit in die Pfanne geben. Die Frühlingszwiebelringe, Blutwurst und Backpflaumen in Teller geben, Suppe darüber gießen und mit Majoran bestreut servieren.

Rosenkohlcremesüppchen
mit Lammfleischbällchen

Für vier Personen
Zubereitungszeit: 1 1/4 Stunden
Pro Portion ca. 420 Kalorien

➤ *Für ambitionierte Suppenköche*

Für die Lammfleisch-
bällchen:

> *1 Scheibe Toastbrot ohne Rinde*
> *1 Knoblauchzehe*
> *1 kleine Schalotte*
> *40 ml Milch*
> *100 g Lammhackfleisch (beim
  Metzger erhältlich)*
> *1 Ei*
> *60-80 g Semmelbrösel*
> *Salz*
> *Pfeffer aus der Mühle*
> *1 Msp. Paprikapulver*

Für die Suppe:

> *500-700 ml Geflügelbrühe*
> *500 g Rosenkohl*
> *5 Schalotten*
> *2 EL Butter*
> *500 ml Sahne*
> *Salz*
> *Pfeffer aus der Mühle*
> *geriebene Muskatnuss*
> *1 TL gehackter Kerbel*

FÜR DIE LAMMFLEISCHBÄLLCHEN das Toastbrot in Würfel schneiden. Knoblauch und Schalotte schälen und sehr fein hacken. Das Toastbrot in Milch einweichen, anschließend mit der Schalotte, dem Knoblauch, dem Lammhack, dem Ei, 60 g Bröseln, Salz, Pfeffer und Paprikapulver vermengen, abschmecken. Aus der Masse mit nassen Händen kleine Bällchen formen. (Sollte sie zu weich sein, noch mehr Semmelbrösel zugeben.)

500 ML GEFLÜGELBRÜHE für die Suppe aufkochen. Fleischbällchen darin je nach Größe 5-8 Minuten garen, herausnehmen, abdecken und beiseite stellen.

FÜR DIE SUPPE den Rosenkohl putzen: äußere Blätter wegwerfen, danach den Rosenkohl bis zu den Herzen entblättern. Herzen und Blätter getrennt aufbewahren. Schalotten schälen und in feine Würfel schneiden.

IN EINEM TOPF die Schalotten in der Butter anschwitzen, Rosenkohlherzen zugeben, mit Geflügel-Lammbällchen-brühe auffüllen und Rosenkohl in 15-18 Minuten weich kochen. Sahne einrühren, aufkochen. Alles mit dem Pürierstab fein pürieren, eventuell noch restliche Brühe angießen, Suppe dann durch ein Sieb streichen.

DIE ROSENKOHLBLÄTTER in kochendem Salzwasser ganz kurz blanchieren und in kaltem Wasser abschrecken. Suppe noch einmal aufkochen, mit Salz, Pfeffer und geriebener Muskatnuss abschmecken, Lammfleischbällchen hineingeben und 2-3 Minuten darin erwärmen.

ROSENKOHLBLÄTTER in tiefe Teller verteilen, die Suppe mit den Fleischbällchen angießen, mit Kerbel bestreut servieren.

Eintopf von Frühlingsgemüse

Für vier Personen
Zubereitungszeit: 45 Minuten
Pro Portion ca. 320 Kalorien

➤ *Macht Lust auf Sommer*

Die Zutaten

> *150 g mehlig kochende Kartoffeln*
> *100 g Möhren*
> *100 g Kohlrabi*
> *50 g kleine grüne Bohnen*
> *1 Zwiebel*
> *100 g Lauch*
> *50 g Butter*
> *1 l Gemüse- oder Geflügelfond (aus dem Glas oder selbst gemacht Seite 14)*
> *50 g frisch ausgepalte Erbsen*
> *1 kleine Knoblauchzehe*
> *1 Msp. gemahlener Kümmel*
> *Salz*
> *2 EL frisch gehackte Frühlingskräuter (z. B. Petersilie, Basilikum, Kerbel, Estragon)*

KARTOFFELN, Möhren und Kohlrabi schälen. Von den Bohnen die Enden abschneiden, die Zwiebel schälen und den Lauch der Länge nach aufschneiden und gründlich waschen. Das Gemüse in möglichst gleich große Würfelchen schneiden.

2 EL Butter erhitzen, Gemüsewürfel darin andünsten. Fond angießen, aufkochen und 10-12 Minuten sanft köcheln lassen. Die Erbsen dazugeben. Knoblauch schälen und dazupressen. Alles mit Kümmel und vorsichtig mit Salz würzen und in weiteren 8-10 Minuten fertig garen.

ZUM SCHLUSS die restliche Butter in kleinen Flocken unterziehen. Gemüseeintopf noch nach Belieben mit den gehackten Kräutern bestreuen und heiß servieren.

Spitzkohl-Möhren-Eintopf

FLEISCH abtupfen, Lauch waschen und klein schneiden. Zwiebel schälen und vierteln. In einem großen Topf Gemüsebrühe, 1 Liter Wasser, Lauch, Zwiebel, Pfefferkörner, Lorbeerblatt, Thymian und 1/2 TL Salz aufkochen. Das Filet darin bei schwacher Hitze ca. 10 Minuten ziehen lassen.

FLEISCH aus dem Topf nehmen, abgedeckt warm stellen. Brühe passieren und erneut aufkochen. Kartoffeln gründlich abbürsten, wenn nötig kleiner schneiden. Kohlrabi schälen und in Stifte schneiden. Vom Spitzkohl die äußeren Blätter entfernen, Rest waschen und klein schneiden. Möhren gut abbürsten und in Scheiben schneiden. Anschließend alles in der kochenden Brühe 10-15 Minuten garen.

FLEISCH in Scheiben oder Würfel schneiden und im Gemüse-Eintopf erhitzen, Suppe mit Salz und Pfeffer abschmecken. Kerbel in einem Sieb abbrausen, die Blättchen abzupfen, hacken und vor dem Servieren über den Eintopf streuen.

Die Zutaten

> *400 g ausgelöstes Kasslerfilet*
> *1 Stange Lauch*
> *1 Zwiebel*
> *1/4 l Gemüsebrühe*
> *10 weiße Pfefferkörner*
> *1 Lorbeerblatt*
> *1 Zweig frischer Thymian*
> *Salz*
> *400 g kleine neue Kartoffeln*
> *1 kleiner Kohlrabi*
> *1 kleiner Spitzkohl (ca. 400 g)*
> *1 Bund junge Möhren*
> *weißer Pfeffer aus der Mühle*
> *1 Bund Kerbel*

Für vier Personen
Zubereitungszeit: 50 Minuten
Pro Portion ca. 360 Kalorien

➤ *Am besten im Frühling*

73

Asiatische Bouillabaisse

Für vier Personen
Zubereitungszeit: 1 Stunde
(+ 2 Stunden Einweichzeit)
Pro Portion ca. 350 Kalorien

➤ *Low fat*

Die Zutaten (siehe Tipp)

> *100 g gelbe Mungobohnen*
> *2-3 TL Wakame (getrockneter japanischer Seekohl)*
> *150 g Süßkartoffeln*
> *1 Staude Pak-Choi (asiatischer Senfkohl, ersatzweise Mangold)*
> *200 g verschiedene Fischfilets (besonders edel: Red Snapper und rosa Tunfisch)*
> *1 kleines Stück frischer Ingwer (ca. 20 g)*
> *2 EL Sesamöl*
> *1-2 Msp. Wasabipaste*
> *1 l Gemüsebrühe*
> *4 gegarte und geschälte Riesengarnelen (Tiger Prawns)*
> *Salz*
> *Szechuanpfeffer*
> *1 EL Sojasauce*
> *80 g gegarte und geschälte Garnelen oder Krabben*

MUNGOBOHNEN 2 Stunden in kaltem Wasser einweichen, dann abtropfen lassen. Wakame ebenfalls in Wasser einweichen.

SÜSSKARTOFFELN schälen und in dünne Scheiben oder kleine Würfel schneiden. Pak Choi putzen, waschen und in Rauten oder Streifen schneiden. Blätter ebenfalls kleiner schneiden und beiseite legen. Fisch in 8 dünne Scheiben oder Stücke schneiden. Ingwer schälen und hacken.

MUNGOBOHNEN in 1 EL Sesamöl leicht anschwitzen. Wasabipaste dazurühren, Süßkartoffeln zugeben, die Gemüsebrühe angießen und aufkochen. Gemüse in 10-12 Minuten weich köcheln. Pak-Choi bis auf die Blätter unterrühren und alles weitere 5 Minuten köcheln lassen.

INZWISCHEN Red Snapper Filets im restlichen Sesamöl bei starker Hitze kross braten. Andere Fischfilets beiseite legen. Riesengarnelen auf beiden Seiten anbraten, mit Salz und Szechuanpfeffer würzen.

GEBRATENE FISCHFILETS und Riesengarnelen mit dem übrigen rohen Fisch, Sojasauce, Ingwer, Wakame, Pak-Choi-Blättern und Krabben in die Suppe geben. Suppe noch 2-3 Minuten ziehen lassen, mit Salz und Szechuanpfeffer nachwürzen und in Schüsseln servieren.

TIPP: Die ungewöhnlichen Zutaten, die sie für diese Suppe brauchen, z. B. Wakame, Pak-Choi und Wasabi-Paste, bekommen Sie in Asienläden. Dort können Sie auch eine süßlich-scharfe Chilisauce kaufen, die Sie mit Soja-Sauce in Extra-Schälchen mit auf den Tisch stellen können. So kann jeder seine Bouillabaisse individuell abschmecken.

Irish Stew

Für vier bis sechs Personen
Zubereitungszeit: 1 Stunde
Bei sechs Personen pro Portion
ca. 460 Kalorien

➤ *Schmeckt auch um Mitternacht*

Die Zutaten

> *750 g Lammfleisch (Keule oder Schulter)*
> *Salz*
> *Pfeffer aus der Mühle*
> *80 g durchwachsener Bauchspeck*
> *1,5 l Lammfond (selbst gemacht Seite 15), Fleisch- oder Gemüsebrühe*
> *1 Knoblauchzehe*
> *1 TL Kümmel*
> *350 g fest kochende Kartoffeln*
> *4 Möhren*
> *2 Zwiebeln*
> *500 g Weißkohl*
> *2 Bund frischer Thymian*
> *1 Bund Petersilie*

DAS Lammfleisch in mundgerechte Stücke schneiden und mit Salz und Pfeffer kräftig würzen. Bauchspeck in feine Würfel schneiden und in einem heißen Schmortopf auslassen, anschließend das Lammfleisch zugedeckt mit anbraten.

1 L LAMMFOND ODER BRÜHE angießen. Knoblauch schälen, hacken und mit dem Kümmel dazugeben. Alles bei mittlerer Hitze 20-30 Minuten schmoren.

INZWISCHEN Kartoffeln schälen und in ca. 1 cm große Würfel schneiden, Möhren und Zwiebeln schälen. Möhren in Scheiben, Zwiebeln in feine Streifen schneiden, Weißkohl putzen und ebenfalls in Juliennestreifen schneiden.

KARTOFFELN, Möhren, Zwiebeln und den Kohl je nach Größe und Struktur der Fleischwürfel nach 20-30 Minuten Garzeit zum Fleisch geben. Falls nötig, restlichen Fond oder Brühe erhitzen und angießen. Gemüse weitere 20 Minuten mitdünsten. Inzwischen Thymian und Petersilie waschen, Blättchen von den Stielen zupfen und hacken. Kurz vor dem Servieren den Eintopf noch einmal mit Salz und Pfeffer abschmecken und Thymian und Petersilie unterrühren.

Sauerkraut-suppe

DAS SUPPENGRÜN waschen und grob zerkleinern. Die Rinderbrust mit Salz und Pfeffer würzen und in 1 EL Butter anbraten. Die Knochen waschen und mit 1 1/2 l kaltem Wasser aufkochen, abschäumen, dann Suppengrün, Lorbeerblätter, Nelken und die Rinderbrust dazugeben. Alles mit einer Prise Salz würzen und bei schwacher Temperatur ca. 2 Stunden köcheln lassen. Rinderbrust herausnehmen und Brühe durch ein feines Sieb passieren.

MÖHREN, Petersilienwurzeln, Lauch und Zwiebeln schälen bzw. waschen und klein würfeln. Gemüse in der restlichen Butter anschwitzen. Sauerkraut dazugeben, mit Mehl bestäuben und 2-3 Minuten unter Rühren goldbraun anbraten. Tomatenmark dazugeben und nochmals leicht bräunen. Dann mit der Brühe auffüllen und 40 Minuten zugedeckt köcheln lassen.

INZWISCHEN Rinderbrust in Würfel schneiden. Sauerkrautsuppe noch mal mit Salz und Pfeffer abschmecken und in tiefen Tellern anrichten. Fleischwürfel in die Mitte geben. Suppe mit je 1 Klecks Crème fraîche garnieren.

TIPP: Wer keine Knochen auskochen möchte, gart die Rinderbrust mit Lorbeerblättern und Nelken in Gemüsebrühe. Statt mit gekochtem Rindfleisch können Sie die Suppe auch mit Knackwürsten servieren. Dann Sauerkrautsuppe mit Gemüsebrühe zubereiten.

Die Zutaten

> *2 Bund Suppengrün*
> *200 g Rinderbrust*
> *Salz*
> *Pfeffer aus der Mühle*
> *2 EL Butter*
> *200 g Kalbs- oder Rinderknochen*
> *2 Lorbeerblätter*
> *2 Nelken*
> *3 Möhren*
> *3 Petersilienwurzeln*
> *1/2 Stange Lauch*
> *3 Zwiebeln*
> *600 g Sauerkraut*
> *2 EL Mehl*
> *2 EL Tomatenmark*
> *100 g Crème fraîche*

Für vier Personen

Zubereitungszeit: 20 Minuten (+ 2 3/4 Stunden Garzeit)
Pro Portion ca. 350 Kalorien

➤ *Nichts für Ungeduldige*

Türkische rote Linsensuppe

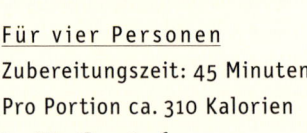

Für vier Personen

Zubereitungszeit: 45 Minuten
Pro Portion ca. 310 Kalorien
➤ *Für Gemüsefans*

Die Zutaten

> *300 g türkische rote Linsen*
> *1 Knoblauchzehe*
> *1 Schalotte*
> *1 rote Chilischote*
> *3 EL Olivenöl*
> *1/2 l Gemüsebrühe*
> *Salz*
> *Pfeffer aus der Mühle*
> *1 TL gemahlener Kreuzkümmel*
> *2-4 EL Zitronensaft*

LINSEN unter fließendem Wasser waschen und verlesen. Knoblauch und Schalotte schälen und in Würfel schneiden. Chilischote waschen, entkernen und in feine Streifen schneiden. 1 EL Olivenöl in einem Topf erhitzen. Knoblauch, Schalotte und Chili darin anschwitzen, die Linsen hinzugeben und mit gut 300 ml Brühe auffüllen.

DIE SUPPE unter ständigem Rühren 20-30 Minuten leicht köcheln lassen, bis die Linsen leicht musig sind. Sollte die Suppe zu dick werden, restliche Brühe bis zur gewünschten Konsistenz angießen.

SUPPE mit Salz und Pfeffer, Kreuzkümmel und mit reichlich Zitronensaft abschmecken, mit dem restlichen Olivenöl beträufeln und servieren.

DAZU Fladenbrot reichen.

Schwarze
Bohnensuppe

DIE BOHNEN mit Wasser bedecken und über Nacht einweichen lassen.

AM NÄCHSTEN TAG Speck in feine Würfel schneiden. Lauch waschen und in Ringe schneiden. Knoblauch schälen und grob hacken. Majoran waschen, Blättchen fein hacken.

SPECK in einem großen Topf knusprig auslassen. Lauch, Knoblauch und Lorbeerblätter darin andünsten. Bohnen mit dem Einweichwasser, 1/2 TL Salz, Pfeffer und Majoran dazugeben. 1 1/4 l Wasser angießen. Alles zugedeckt bei schwacher Hitze 1 1/2 Stunden köcheln lassen. Tomaten mit kochendem Wasser überbrühen, häuten, entkernen, klein schneiden und zu den Bohnen geben. Alles weitere 10 Minuten köcheln lassen.

30-40 MINUTEN vor Ende der Bohnengarzeit Zucchini, Möhren und Zwiebeln waschen bzw. schälen und in feine Stifte bzw. Streifen schneiden. Öl in einer Pfanne erhitzen. Gemüsestreifen darin portionsweise knusprig frittieren, auf Küchenkrepp abfetten, mit Salz und Pfeffer würzen. Auch die Bohnensuppe mit Salz und Pfeffer kräftig abschmecken, in tiefen Tellern anrichten und mit dem frittierten Gemüse obenauf servieren.

Die Zutaten

> *350 g getrocknete schwarze Bohnenkerne*
> *150 g durchwachsener Räucherspeck*
> *1 Stange Lauch*
> *3 Knoblauchzehen*
> *1 kleines Bund frischer Majoran oder Oregano*
> *2 Lorbeerblätter*
> *Salz*
> *schwarzer Pfeffer aus der Mühle*
> *750 g vollreife Tomaten*
> *200 g Zucchini*
> *300 g Möhren*
> *2 Zwiebeln*
> *5 EL Olivenöl*

Für vier bis sechs Personen
Zubereitungszeit: 2 1/2 Stunden
(davon 1 1/2 Stunden Arbeitszeit
+ Einweichzeit über Nacht)
Bei sechs Personen pro Portion
ca. 430 Kalorien

➤ *Nichts für Ungeduldige*

Bigosch
westfälische Art

Für vier Personen

Zubereitungszeit: 45 Minuten
(+ 45 Minuten Kochzeit)
Pro Portion ca. 360 Kalorien

➤ *Schmeckt auch um Mitternacht*

Die Zutaten

> *250 g Kalbsbrust*
> *2 Schalotten*
> *70 g durchwachsener Bauchspeck*
> *200 g Steinpilze (ersatzweise andere Waldpilze)*
> *500 g Weißkohl*
> *10 Backpflaumen ohne Stein*
> *2 cl Rum*
> *Salz*
> *Pfeffer aus der Mühle*
> *1 EL Honig*
> *200 ml Rotwein*
> *200 g passierte Tomaten (aus dem Tetrapak)*
> *500 g Sauerkraut*
> *5 Pimentkörner*
> *5 Nelken*
> *1 Msp. Kümmel*
> *3 Lorbeerblätter*
> *2 EL Butter*
> *1-2 EL frisch gehackter Majoran*

KALBSBRUST in mundgerechte Stücke, Schalotten und Bauchspeck in feine Würfel schneiden. Steinpilze putzen und in nicht zu kleine Stücke schneiden. Weißkohl putzen und in feine Streifen schneiden. Backpflaumen in Rum einweichen.

IN EINER PFANNE den Bauchspeck auslassen, in dem ausgelassenen Fett die Kalbsbrust anbraten, mit Salz und Pfeffer würzen, Weißkohl dazugeben und glasig schwitzen. Honig untermengen und mit Rotwein ablöschen. Alles in einen Topf geben, mit den passierten Tomaten auffüllen, das Sauerkraut und die Backpflaumen unterrühren (Rum aufbewahren). Pimentkörner, Nelken, Kümmel und Lorbeerblätter in ein Müllsäckchen oder einen Teefilter aus Papier einbinden und in den Topf geben. Alles bei geschlossenem Deckel 40-45 Minuten kochen.

KURZ VOR ENDE der Garzeit die Steinpilze mit den Schalotten in der Butter rasch anbraten, auf Küchenkrepp abtropfen lassen. Den Eintopf noch einmal kräftig abschmecken, Rum und Steinpilze dazugeben, Gewürzsäckchen herausnehmen. Den Eintopf mit Majoran bestreuen und servieren.

TIPP: Dieser ursprünglich aus Polen stammende Eintopf schmeckt am besten, wenn er noch einmal aufgewärmt wird.

Paprika-Bohnen-suppe

BOHNEN mit Wasser bedecken und über Nacht einweichen lassen.

AM NÄCHSTEN TAG Backofen auf 180° vorheizen. Paprika putzen, vierteln, entkernen und auf ein Backblech geben, salzen, mit 1 EL Olivenöl beträufeln und für ca. 20 Minuten in den Ofen (Umluft 160°) geben. Inzwischen Speck würfeln, Schalotten schälen und fein würfeln. Paprikaschoten aus dem Ofen nehmen, die Haut abziehen und in grobe Dreiecke schneiden.

SPECK in einer Pfanne glasig schwitzen, Schalotten und abgetropfte Bohnen kurz mitdünsten. Mit Salz, Pfeffer und Oregano würzen, mit Brühe auffüllen und in 1 1/2-2 Stunden weich kochen.

PASSIERTE TOMATEN unterrühren und den Eintopf noch einmal 10 Minuten köcheln lassen. Paprikadreiecke und geriebenen Parmesan unterheben und Eintopf vom Herd nehmen. Noch mal abschmecken. Suppe in vorgewärmten tiefen Tellern anrichten. Je 2 Scheiben Parmaschinken in die Mitte setzen. Mit restlichem Olivenöl beträufeln, mit Basilikum bestreuen und servieren.

Die Zutaten

> 250 g kleine weiße Bohnen
> 2 rote Paprikaschoten
> Salz
> 4 EL kaltgepresstes Olivenöl
> 50 g durchwachsener Räucherspeck
> 2 Schalotten
> Pfeffer aus der Mühle
> 1/2 TL getrockneter Oregano
> 1 l Fleisch- oder Gemüsebrühe
> 80 g passierte Tomaten (aus dem Tetrapak)
> 80 g frisch geriebener Parmesan
> 8 hauchdünne Scheiben Parmaschinken
> 2 EL frisch gehacktes Basilikum

Für vier bis sechs Personen
Zubereitungszeit: 1 Stunde
(+ 1 1/2-2 Stunden Garzeit
+ Einweichzeit über Nacht)
Bei sechs Personen pro Portion
ca. 330 Kalorien

➤ Für die Suppen-Party

Lammtopf mit getrockneten Tomaten

Für vier bis sechs Personen
Zubereitungszeit: 1 Stunde
(+ 2 Stunden Garzeit)
Bei sechs Personen pro Portion
ca. 570 Kalorien

➤ *Nichts für Ungeduldige*

Die Zutaten

> *1 kg Lammkeule ohne Knochen*
> *Salz*
> *Pfeffer aus der Mühle*
> *1 EL Dijonsenf*
> *3 Möhren*
> *3 Stangen Staudensellerie*
> *2 rote Zwiebeln*
> *2 Knoblauchzehen*
> *1 EL Öl*
> *1 EL Tomatenmark*
> *1/2 l Rotwein*
> *1/4 l roter Traubensaft*
> *3/4 l Lammfond (selbst gemacht Seite 15), Fleisch- oder Gemüsebrühe*
> *je 1 rote und 1 gelbe Paprika-schote*
> *2 Zucchini*
> *100 g Perlzwiebeln oder kleine Schalotten*
> *50 g getrocknete Tomaten*
> *3 Strauchtomaten*
> *je 1 Zweig frischer Thymian, Rosmarin und Oregano*

DIE INNENSEITE der Lammkeule (wo der Knochen ausgelöst ist) mit Salz und Pfeffer würzen und mit Senf bestreichen. Außenseite ebenfalls mit Salz und Pfeffer gut würzen. Die Keule zusammenrollen und mit Küchengarn zusammenbinden.

MÖHREN und Staudensellerie waschen, Zwiebeln schälen und alles in gleich große Würfel schneiden. Knoblauch schälen und grob zerkleinern.

IN EINER KASSEROLLE das Fleisch rundherum in dem Öl anbraten, Wurzelgemüse und Knoblauch dazugeben und glasig schwitzen. Tomatenmark einrühren und schön bräunen. Mit Rotwein und Traubensaft ablösen, mit Lammfond oder Brühe auffüllen. Fleisch zugedeckt 1 3/4-2 Stunden bei schwacher Hitze weich schmoren.

WÄHREND das Fleisch schmort, das Gemüse vorbereiten: Paprikaschoten und Zucchini waschen und in mundgerechte Stücke schneiden, Perlzwiebeln schälen. Getrocknete Tomaten mit kochend heißem Wasser in einem Sieb kurz überbrühen und klein schneiden.

FLEISCH herausnehmen, vom Faden lösen und in mundgerechte Stücke schneiden. Fond durch ein Sieb passieren und wieder auf den Herd stellen. Paprika, Zucchini, Perlzwiebeln und getrocknete Tomaten darin bei mittlerer Hitze in 6-8 Minuten bissfest garen.

DAS FLEISCH in den Topf geben. Die Strauchtomaten waschen und achteln, die Kräuter waschen, fein zupfen und schneiden, Tomaten und Kräuter kurz vor dem Servieren in den Topf geben, Suppe noch einmal nachwürzen und im Topf servieren.

TIPP: Getrocknete Tomaten gibt es auch in Öl eingelegt, genauso wie Perlzwiebeln. Sie haben eine weichere Konsistenz und müssen nicht überbrüht und auch nicht mehr lange gegart, nur miterhitzt werden.

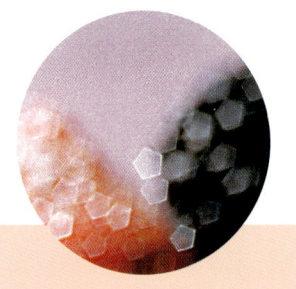

Überraschung!!!

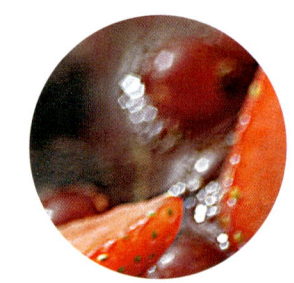

Heute gibt's mal Suppe als Dessert.
Frisch, fruchtig, kühl – und einfach anders.

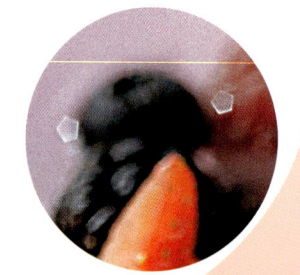

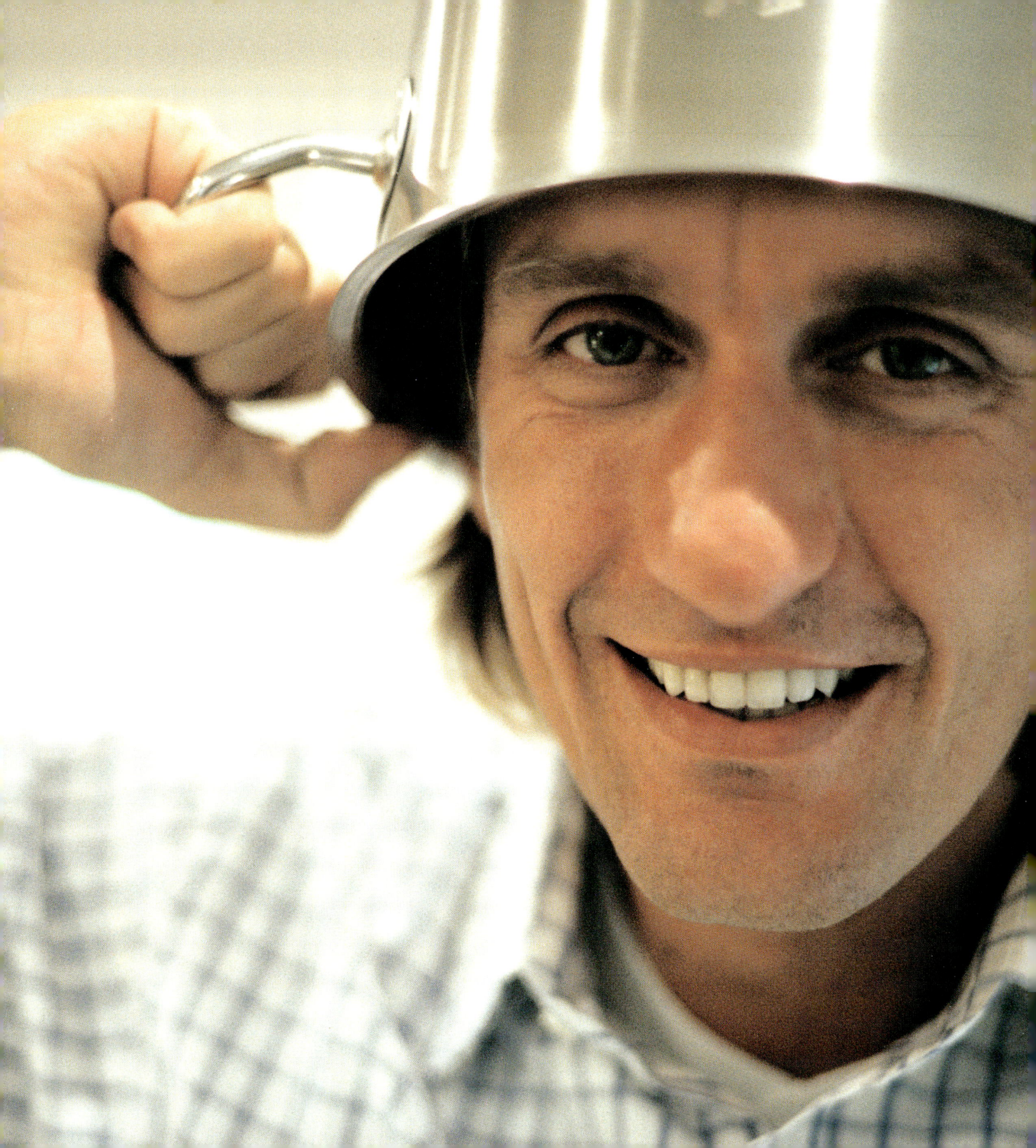

Eisgekühltes
Beerensüppchen

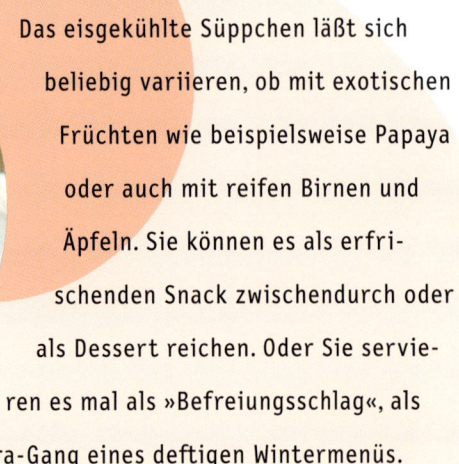

Der Profi-Tipp

Das eisgekühlte Süppchen läßt sich beliebig variieren, ob mit exotischen Früchten wie beispielsweise Papaya oder auch mit reifen Birnen und Äpfeln. Sie können es als erfrischenden Snack zwischendurch oder als Dessert reichen. Oder Sie servieren es mal als »Befreiungsschlag«, als Extra-Gang eines deftigen Wintermenüs.

Für vier bis sechs Personen
Zubereitungszeit: 20 Minuten
(+ 6 Stunden Kühlzeit)
Bei sechs Personen pro Portion
ca. 210 Kalorien

➤ *Erfrischend im Hochsommer*

Die Zutaten

> 3 Blatt Gelatine
> 120 g Zucker
> 1 Vanilleschote
> 500 ml Prosecco
> 1 Zweig frische Minze
> 200 g gemischte Beeren (ganz fein: rote Johannisbeeren, Himbeeren, Blaubeeren und Erdbeeren)
> 2 EL Grappa oder Obstler nach Belieben
> Saft von 1 Zitrone

GELATINE einweichen. In einem Topf 120 ml Wasser aufkochen, Zucker einrühren und gut auflösen. Vanilleschote auskratzen und mit dem Mark zusammen zu der Zucker-Wasser-Lösung geben.

TOPF vom Herd nehmen, Gelatine Blatt für Blatt abtropfen lassen und einrühren. Mischung in eine Schüssel umfüllen und mit einem Kochlöffel nach und nach den Prosecco unterrühren. Wichtig: Nicht zu schnell rühren, da sich sonst Bläschen bilden und das Süppchen schaumig wird. Im Kühlschrank 6 Stunden gut durchkühlen lassen.

MINZE waschen, zupfen und in feine Streifen schneiden. Johannisbeeren von den Rispen streifen. Alle Beeren putzen, abbrausen, trockentupfen, Erdbeeren vierteln. Beeren mit dem Grappa und dem Zitronensaft marinieren, anschließend auf vorgekühlten Tellern anrichten. Die eisgekühlte Proseccomischung nochmals vorsichtig durchrühren, auf die Beeren verteilen, mit Minze bestreuen und nach Belieben mit Joghurteis oder einem Beerensorbet servieren.

Melonensuppe
mit Sauerrahmeis

Für vier Personen
Zubereitungszeit: 1 1/2 Stunden
(+ einige Stunden Kühl- und Zieh-
zeiten)
Pro Portion ca. 310 Kalorien

➤ *Nichts für Ungeduldige*

Für das Sauerrahmeis
(siehe Hinweis)
> *1 kg saure Sahne*
> *200 g Puderzucker*
> *120 ml Zitronensaft*
> *15 g Milchpulver*

Für die Melonensuppe
> *2 vollreife Charentais- oder*
  Netzmelonen
> *2 Passionsfrüchte*
> *50 ml Orangensaft*
> *40 ml Zitronensaft*
> *2 EL Honig*
> *1 EL Melonen- oder*
  Aprikosenlikör nach Belieben
> *40 g Zucker*
> *70 ml Moscato d'Asti (Dessert-*
  wein aus dem Piemont, ersatz-
  weise anderer Süßwein)
> *100 g Himbeeren zum Servieren*

FÜR DAS SAUERRAHMEIS alle Zutaten miteinander verrühren und zugedeckt mindestens 2 Stunden stehen
lassen. Dann in der Eismaschine oder
im Eisfach gefrieren lassen. Sauerrahmeis im Eisfach zwischendurch häufig durchrühren.

FÜR DIE MELONENSUPPE die Melonen quer halbieren. Die Kerne und das
umliegende faserig-weiche Fruchtfleisch mit einem Löffel herauslösen
und durch ein Sieb streichen. Saft auf-
fangen.

MELONENFRUCHTFLEISCH aus den
Schalenhälften lösen. Schalen in den
Kühlschrank legen. 400 g Fruchtfleisch
abwiegen und klein schneiden. Passi-
onsfrüchte halbieren und entkernen,
Fruchtfleisch auskratzen und pürieren.

PASSIONSFRUCHT-PÜREE mit gut
50 ml Saft von den Melonenkernen,
Melonenstückchen sowie Orangen-
und Zitronensaft, Honig, Melonenlikör
und Zucker im Mixer ganz kurz durch-
mixen. Dann durch ein Spitzsieb passieren. Moscato d'Asti darunter mischen und die Suppe bis zum Servieren
1-2 Stunden durchkühlen lassen.

DIE HIMBEEREN kurz unter kaltem
Wasser abbrausen. Die Melonensuppe
noch einmal abschmecken, in den
gekühlten Fruchthälften anrichten und
die Himbeeren hineingeben. Je eine Ku-
gel Sauerrahmeis in die Suppe setzen.

HINWEIS: Die angegebenen Zutaten
für das Sauerrahmeis ergeben ca.
40 Kugeln, die Sie natürlich nicht alle
für die Suppe benötigen. Das Eis lässt
sich jedoch in geringerer Menge nicht
so gut zubereiten.

TIPP: Ganz professionell servieren Sie
die Melonensuppe mit Zucker-Clochen,
Gittern aus Zuckerfäden. Dafür 100 g
Zucker mit 70 ml Wasser und 25 g Glu-
kosesirup (aus der Apotheke) in
25-30 Minuten bis 160 Grad auf dem
Zuckerthermometer kochen, dann 5 Minuten abkühlen lassen. Eine kleine
Suppenkelle jeweils rundherum dünn
mit Öl bestreichen, den gekochten
Zucker mit einem Löffel oder Pinsel mit
schnellen Handbewegungen in hauch-
dünnen Fäden darüber laufen lassen,
sodass ein gitterartiges Muster ent-
steht. Sobald das Zuckergitter fest ist
(was blitzschnell geht), vorsichtig von
der Kelle lösen und mit dem nächsten
beginnen.

Pfirsichsuppe mit
Holunderblütenmousse

<u>Für vier bis sechs Personen</u>
Zubereitungszeit: 1 Stunde
(+ einige Stunden Kühlzeiten)
Bei sechs Personen pro Portion
ca. 510 Kalorien

➤ *Für ambitionierte Suppenköche*

Für die Holunderblüten-
mousse

> *4 Blatt Gelatine*
> *50 ml Holunderblütensirup*
> *1 Schuss Weißwein, Sekt oder
  Champagner*
> *Zitronensaft nach Geschmack*
> *375 g Sahne*
> *1 Eiweiß*
> *25 g Zucker*

Für die Pfirsichsuppe

> *700 g reife Pfirsiche
  (ca. 4 Stück, ersatzweise Pfirsiche aus der Dose)*
> *90 g Zucker*
> *400 ml Moscato d'Asti (Dessert-
  wein aus dem Piemont, ersatzweise anderer Süßwein)*
> *4 EL Pfirsichlikör nach Belieben*
> *je 1/2 bis 1 TL Holunderblüten-
  sirup und Zitronensaft zum Abschmecken*
> *100 ml Sekt zum Aufgießen*

DIE GELATINE in kaltem Wasser einweichen. Holunderblütensirup mit
knapp 350 ml Wasser verdünnen, sodass Sie ca. 400 ml Holunderblütensaft
erhalten. Saft mit Weißwein oder Sekt
und etwas Zitronensaft, eventuell auch
Sirup abschmecken. Holunderblütensaft leicht erwärmen. Gelatine ausdrücken und Blatt für Blatt im Holunderblütensaft auflösen. Kalt stellen,
bis der Saft ganz leicht zu gelieren beginnt.

SAHNE schlagen. Eiweiss mit Zucker
steif schlagen und mit der Sahne unter
den leicht gelierten Fond heben. In
eine 3-4 cm hohe Schale geben und im
Kühlschrank fest werden lassen.

FÜR DIE PFIRSICHSUPPE Pfirsiche
mit kochendem Wasser überbrühen,
häuten, entsteinen und in Spalten
schneiden. Zucker goldgelb karamellisieren lassen und unter Rühren vorsichtig mit dem Moscato ablöschen.
Die Hälfte der Pfirsiche in dem Mosca-
to-Fond in 5-10 Minuten zugedeckt
weich kochen. Den Fond mit Pfirsich-
likör, wenig Holunderblütensirup und
Zitronensaft abschmecken und erkalten lassen.

DIE ÜBRIGEN Pfirsichspalten – bis
auf einige für die Garnitur – in den Fond
mit den gekochten Pfirsichen geben,
alles fein pürieren, durch ein Sieb pas-

sieren und mit etwas Zitronensaft abschmecken.

DIE PFIRSICHSUPPE noch einmal
gut durchkühlen, anschließend mit etwas Sekt aufgießen, in vorgekühlten
tiefen Tellern oder Gläsern anrichten,
mit den zurückbehaltenen Pfirsichspalten garnieren. Die Holunderblütenmousse mit zwei Löffeln zu Nocken ab-
stechen, auf die Suppe setzen und sofort servieren.

TIPP: Zum Drei-Sterne-Desssert wird
die Holunderblütenmousse, wenn Sie
statt verdünnten Sirup selbst gemach-
ten Holunderblütenfond verwenden.
Dazu brauchen Sie 10 frische Holunderblüten, die nicht nass sein dürfen. Holunderblüten sorgfältig über einer
Schüssel von der Rispe trennen und dabei auf eventuelle Insekten etc. achten.
1 1/2 l Wasser mit 250 g Zucker, einigen
Zitronenscheiben und 9 g Ascorbinsäu-
re (aus der Apotheke) aufkochen und
etwas abkühlen lassen, bis die Mischung noch lauwarm ist. Die Blüten
hineingeben und ca. 10 Tage zugedeckt
an einem sonnigen Platz ziehen lassen.
Nach 10 Tagen Blüten abseihen. Für die
Holunderblütenmousse brauchen Sie
400 ml Fond. Rest in saubere Flaschen
oder Einmachgläser füllen und diese
gut verschließen. Bis zum Gebrauch
kühl und dunkel lagern.

Leicht gelierte Champagnersuppe

» Das anregende Süppchen schmeckt zum **Abschluß** eines Menüs ebenso wie als Gang zwischendurch – und kommt nach meiner Erfahrung nicht nur bei **Champagnerfans** supergut an. Autofahrer sollten allerdings nur eine kleine Portion probieren. «

Für vier bis sechs Personen
Zubereitungszeit: 15 Minuten
(+ Kühlzeit über Nacht)
Bei sechs Personen pro Portion
ca. 180 Kalorien

➤ *Suppe statt Cocktail!*

Für den Läuterzucker
(siehe Tipp)
> *500 g Zucker*

Für die Suppe
> *3 1/2 Blatt weiße Gelatine*
> *350 ml süßer Weißwein*
> *gut 1/2 l Champagner oder Sekt*
> *einige Minzeblättchen*

FÜR DEN LÄUTERZUCKER 1/2 l Wasser mit dem Zucker unter gelegentlichem Umrühren aufkochen lassen. Sobald der Zucker gelöst ist, 1 Minute kochen lassen, ohne zu rühren, danach den Schaum abheben. Läuterzucker abkühlen lassen.

FÜR DIE SUPPE die Gelatine in kaltem Wasser einweichen, ausdrücken und Blatt für Blatt mit wenig Wein bei sanfter Hitze auflösen. Dann 350 ml Champagner mit übrigem Weißwein und 100 ml Läuterzucker mit einem Kochlöffel unterrühren. Suppe für 12 Stunden in den Kühlschrank stellen.

DIE CHAMPAGNERSUPPE in der Schüssel mit einer Schöpfkelle oder einem Kochlöffel durchrühren und dabei den gut gekühlten restlichen Champagner unterrühren. Wichtig: Nicht zu schnell oder mit dem Schneebesen rühren, da sich sonst Bläschen bilden und die Suppe schaumig wird. Suppe in vorgefrosteten Gläsern oder Tellern nach Belieben mit Minze garniert servieren.

TIPP: Für die Suppe brauchen Sie nur 100 ml Läuterzucker. Den Rest in eine gut schließende Flasche füllen. Kühl und dunkel aufbewahrt, bleibt er wochenlang frisch.

92

ÜBERRASCHUNG!!!

Register

95

Impressum

FRANK BUCHHOLZ,
1999 vom Gault Millau mit 3 Kochmützen und 17 Punkten zum innovativsten Koch des Jahres ausgezeichnet, junger Wilder der ersten Stunde, Kochduell-Star, Familienvater. Das neueste Projekt des ambitionierten Koch-Künstlers: Das »Meisterhaus« in Unna. Der elterliche Betrieb eröffnet demnächst unter Franks Führung seine Pforten neu – als multifunktionale Hochburg kulinarischen Lebens: Spitzenrestaurant, Bistro, Kochschule und Kreativstube in einem.

Internet: www.frank-buchholz.de
Emailadresse Meisterhaus:
kontakt@meisterhaus.de
Büro-Tel.: 023 03 - 59 28 87
Büro-Fax: 023 03 - 59 28 89

EIN DANK DES AUTORS AN:
Alexander Dressel für die Mitarbeit und Unterstützung
Nina Grygoriew für den schönen Einstiegstext

EIN DANK DES FOTOTEAMS AN:
Esprit/Zen, F - Paris
Klein&More, Hamburg
Rosenthal/Studiohaus, München
Zimmermann-Keramik, Hohenfurch
La case d'Ylan, F - Cavaillon
Christine Perrochon, I - Campannole

BILDNACHWEIS:
Foodfotografie:
Studio Eising/Martina Görlach
Actionfotos von Frank Buchholz:
Peter von Felbert

Konzept & Redaktion: Sabine Sälzer
Lektorat: Susanne Bodensteiner
Texte S. 6-11: Nina Grygoriew
Korrekturlesen: Mischa Gallé
Gestaltung und Layout: Independent Medien Design, München
Herstellung: Markus Plötz
Satz: Johannes Kojer, München
Repro: Repro Schmidt, Dornbirn
Druck und Bindung: Appl, Wemding

ISBN: 3-7742-2711-X

Auflage	4.	3.	2.	1.
Jahr	2004	2003	2002	2001

Das Original mit Garantie

Ihre Meinung ist uns wichtig. Deshalb möchten wir Ihre Kritik, gerne aber auch Ihr Lob erfahren. Um als führender Ratgeberverlag für Sie noch besser zu werden. Darum: Schreiben Sie uns! leserservice@graefe-und-unzer.de Wir freuen uns auf Ihre Post und wünschen Ihnen viel Spaß mit Ihrem GU-Ratgeber.

Unsere Garantie: Sollte ein GU-Ratgeber einmal einen Fehler enthalten, schicken Sie uns das Buch mit einem kleinen Hinweis und der Quittung innerhalb von sechs Monaten nach dem Kauf zurück. Wir tauschen Ihnen den GU-Ratgeber gegen einen anderen zum gleichen oder ähnlichen Thema um.

Ihr Gräfe und Unzer Verlag
Redaktion Kochen
Postfach 86 03 25
81630 München
Fax: 0 89/4 19 81 - 113